NLP心理学に基づく

結果を生み出す
リーダーのための話し方のルール

松橋良紀

KADOKAWA

はじめに

「全然指示に従わない部下がいて、ストレスで寝られないんです。こんなにつらいなら私が会社を辞めるしかないと思っているんです！」

セミナーの冒頭、参加者全員の自己紹介タイムにこんな話をする人がいました。

わざわざ四国から飛行機に乗ってきたというので、セミナーに参加された理由を聞いたら、悲痛な叫びといっていいくらい、悩んだ様子でした。

管理職になって10年くらいの40代男性。部下は20代男性で、彼の下に配属されて2年の間、いろいろ指示をしてきたが、ちっとも動いてくれないとのこと。どうやったら彼が動いてくれるのか悩みに悩んで、心理セミナーに来られたとのことでした。

しかし、このセミナーの3か月後、別のセミナーでお会いしたら、

「松橋さん！　ありがとうございます！　彼は人が変わったように積極的になって、いろいろ自ら協力してくれるようになったんです！　すごく熱心に仕事に取り組んでくれるよ

うになって、本当にびっくりしています。松橋さんのおかげです！」

と彼はうれしそうに私にそう話しかけてくれました。

この話を読んで「短期間で部下がそんなに変わるなんてどんな魔法を使ったのか？」と不思議に思われるかもしれません。

ですが、管理職の彼は、この本に書いてある心理スキルをベースにしたセミナーで、2日間ほど実習をいろいろ受けただけなのです。

私は「話し方」「聞き方」「雑談」「営業」など心理スキルをベースにした書籍を30冊以上上梓してきました。また、コミュニケーションスキルをトレーニングする研修講師を、約20年経験してきました。その経験から思うことは、基本的なコミュニケーションに関する心理スキルを知らなくて苦労しているリーダーが多くいるということです。

リーダーに任命されるくらいですから、仕事のスキルは当然高いと思います。しかし、話し方、聞き方、質問力、伝え方、コーチング力などには、心理スキルが必要になります。

にもかかわらず、それらを知らない人が多く、企業ではそれに関する研修などが実施されていないことがほとんどだったりします。必要なスキルを知らないまま、管理職を担うのは本当に大変です。それはまるで、料理の初心者がレシピを見ないで料理をするようなものだからです。

私が20代のころ、ひとり暮らしでスパゲッティを初めて茹でたとき、決しておいしいといえるものではありませんでした。翌日先輩の女性にその話をしたらこう言われました。

「お湯に塩を入れてないんじゃないの？　それ、常識だよ」

普段から料理をする人にとっては常識でも、それまで家事を一切やったことのない私にとっては知らないことでした。

コミュニケーションにも、レシピがあります。

心理学の世界はものすごい進化があり、さまざまなスキルが開発されています。でも、多くの人は自己流でやってうまくいかず悩みます。

この本で、話し方のスキル、質問のスキル、聞き方のスキル、指示の与え方のスキルなどのレシピを知るだけで、今までとはまったく違う世界が見えてくるでしょう。

現代のリーダー像

リーダーは尊敬される人。

リーダーは一目置かれる人。

このように、リーダーといえば、尊敬されて一目置かれる人というイメージは、昔は強くありました。


でも、時代は変わりました。

高圧的ではない。でも、なめられない。

ちょうどいいのが、現代の理想的なリーダーです。


チームのメンバーが、あなたに対して親しみを感じながらも、リスペクトも感じている関係なら、理想のリーダーだと思います。理想のリーダーは、チームメンバーと同じ立ち位置にいながらも、リスペクトされる存在です。

また世代の違いによる価値観の違いも大きくなりました。

Z世代の若手社員の場合、仕事を突然辞めてしまう人も多いといわれています。それはストレスへの耐性が低く、傷つきやすいという特徴があるからです。そのため、上司のフィードバックで必要以上にへこんでしまうのです。また、組織の中で波風を立てたくないという人も多くいます。

また、みんなの前で褒められるのも嫌がり、ビジョンを熱く語っても響かないなどの特徴もあります。

さらに多種多様なハラスメントが生まれている状態ですから、部下とどのように接したらいいかわからず、ビクビク過ごしているリーダーも多くなってきました。

そんなリーダーの受難の時代を乗り越えるために、この本では、緊張しない話すための技術、「結局、何が言いたいの？」と聞かれることがなくなる伝え方、心理カウンセラーが使っている信頼関係を築く方法や部下の深層心理を把握するためのノウハウ、指示出しの理論、部下が自主的に行動するようになる声かけのコツなど、心理学をベースにしたスキルをたくさん紹介しています。

次世代のリーダーになることができれば、会社になくてはならない存在として重宝されることになるでしょう。

この本があなたと、あなたの部下と、あなたに関わる人すべてを幸せに導くことを願っています。

2025年3月

松橋良紀

CONTENTS

1章 リーダーに求められる話し方の基軸

2章 リーダーに欠かせない「聞く力」と部下の本音を引き出す「質問スキル」

CONTENTS

3章 リーダーに求められる「頼り方」の極意

CONTENTS

4章

部下のやる気が変化する「話し方のルール」

CONTENTS

CONTENTS

STAFF
カバーデザイン　tobufune（小口翔平、青山風音）
本文デザイン　Q.design
イラスト　金安　亮
DTP　三光デジプロ
校閲　文字工房燦光
編集　根岸亜紀子（KADOKAWA）

序章

SNS時代のコミュニケーションのあり方とは？

加速的に変化し続ける組織内でのコミュニケーション

10年前と今とでは日本人の働き方が大きく変化してきました。その分、リーダーに求められる要素もいろいろ進化してきています。中でも、昭和、平成、令和とさまざまな世代がチームとなって目的を達成するために努力するのが会社組織です。世代が違うことで生じる感覚や風土の違いは、現代のリーダーにとってひとつの課題となっています。

パワハラ、セクハラ、モラハラとさまざまなハラスメントがクローズアップされたことで、若手社員に対し、どのように接し、どう教育していけばいいのかについて悩む人が増えています。

自分ではよかれと思って注意したことが、部下にパワハラと受け取られ、ＳＮＳで拡散されでもしたら、大事になってしまいます。ＳＮＳの普及は、リーダーと部下の関係性に大きな影響を与えました。

もちろんＳＮＳのおかげで、知の共有化が進むなどプラスの面はたくさんあります。

今まで一部の人にしか知られていなかったような情報が、どんどん出てきたおかげで、さまざまな情報が飛び交う社会へと進化してきました。

実際に私がこうして出版社から本を出せているのもきっかけはＳＮＳでした。

ブログでコミュニケーションスキルや心理スキルについて投稿していたら、「本を出しませんか？」とお声がけいただいたことで、著者への道が開け、現在までに30冊以上もの書籍を執筆しています。ですが、ＳＮＳの発展によって、新たな問題も起きています。

①なんでも筒抜け

経済産業省「事業所・企業統計調査」（２００６年）によると、大企業が約1万２０００社、中小企業は約４１９万８０００社。割合で見ると中小企業が全体の99・7％。ほとんどを占めています。大企業は、全体の０・３％程度しかありません。

ただし、従業者数で比較すると、大企業が約１２２９万人、中小企業が約２７８４万人です。全体の30％の人が大企業で働いていることになります。

2006年以降、このような調査はされていないのですが、現在でも大企業に勤務している人は3人か4人にひとりくらいの割合でしょう。

ほんの数人、数十人の会社なら、SNSで会社に対して批判的かつ暴露的な投稿をしたら、誰が投稿をしたのか比較的簡単に判明するかもしれません。

でも、社員数が百人以上になると、特定するのは難しくなります。

リーダーがパワハラなどしていようものなら、すぐにSNSや、転職サイトなどに書き込まれてしまうなんてこともあります。そして、それらはデジタルタトゥーとして永遠に残っていきます。

②プライバシーの境界線のあいまいさ

「帰宅して家族と団らんをしている夜や休日に、緊急だからといってLINEで連絡が入って困る」という悩みを聞くことがあります。

LINEなどのメッセージアプリの普及により、勤務時間外でも常に連絡が取れる状態が当たり前になっています。これにより、部下が休息時間を十分に確保できず、ストレスや燃え尽き症候群のリスクが高まっています。プライベートと仕事の境目がなくなりやすいのも問題のひとつです。

リーダーには、このような部分への配慮も必要となります。

③SNSによる私生活の可視化

ＳＮＳの普及により、個人の私生活がこれまで以上に可視化されるようになりました。部下のＳＮＳアカウントをフォローすることで、彼らの趣味や休日の過ごし方を知ることができます。さらには個人的な意見や感情までもがリーダーの目に触れる機会が増えています。この状況は、意図せずにプライバシーを侵害してしまうリスクを高めています。

例えば、部下のＳＮＳ投稿を基に仕事の評価を行ってしまう。あるいは、私生活に関する不適切なコメントをしたりする。そういったことで、信頼関係を損なってしまう可能性があります。

リーダーには、部下のプライベートを侵害しないような心配りをすることが求められるようになりました。

SNSでコミュニケーションの質が低下した

ＳＮＳの普及で、コミュニケーションの質が低下しています。というのも、ＳＮＳやメッセージアプリの利用が増えたおかげで、電話や対面でのコミュニケーションが減少したからです。

テキストベースのコミュニケーションでは、表情や声のトーン、身振り手振りといった非言語情報が欠如します。そのため、真意の伝達力が低下したのです。

また、ＳＮＳが炎上しやすいのは、文字数が少なく簡潔なコメントの投稿だからです。思ったことをわずか数行に集約しようと思うと、とてもインパクトの強い言葉を選びがちになります。

ＬＩＮＥやチャットでの簡潔なテキストでのやりとりは、主語や述語を削除して抽象度が高くなるので、誤解や思い込みを誘発しやすくなります。時には、「これはなんのこと？」と聞き返さないとわからないメッセージなども多くなっている印象があります。

複雑な業務指示や繊細なフィードバックを行う際には、テキストのみでは不十分な場合が多々あります。

ですが、SNS中心の世代は、全体的にコミュニケーション力が低下していると理解して、それに応じた対応をする必要があります。

その典型が「議論が苦手」ということです。

SNSでのコミュニケーションは、しばしば表面的なやりとりだけに終始します。簡素なやりとりや、スタンプで感情表現をすることによって、深い議論に至らないことも多くなりました。

そういった背景もあって、批判や否定の言葉には、とても繊細な人が増えました。

重要な業務上の課題や、部下の成長に関わる深い議論を行うには、誤解を生まないようにするためにも、時間をかけた対面での対話が不可欠です。

情報の氾濫

①情報過多による混乱

ＳＮＳを通じて大量の情報が瞬時に共有される現代です。ある出来事が起きると、擁護派とアンチの両サイドから、さまざまな情報が発信されます。どれが本当なのか、真実はなんなのか、見極めるのがとても難しいです。また、あまりにも情報が多いので、重要な情報と些細な情報の区別が難しくなっています。重要なことが、雑多な情報に埋もれてしまうリスクがあります。

②情報の一元管理の課題

複数のＳＮＳプラットフォームを使用することで、情報が分散し、一元管理が難しくなりました。重要な指示や報告を見落とす可能性が高まっています。業務効率の低下につながる恐れが生まれています。

③世代間のギャップによるコミュニケーションスタイルの相違

昔の通信手段といえば、電話とＦＡＸでした。

２０００年以降にメールがようやく普及しました。

それに比べて若い世代は、生まれたときにはすでに、タブレットやスマホに触れているデジタルネイティブです。

知り合いのお子さんは2歳児なのに、タブレットを自在に使いこなして好きな動画を視聴していて驚いたことがあります。小学生や中学生でもＳＮＳを使ったやりとりを経験しています。ですから、ＳＮＳを当たり前に使いこなしているのが今の世代です。

一方、上の世代のリーダーは、対面や電話でのコミュニケーションを好む傾向があります。またＬＩＮＥよりはメールを好む傾向もあります。

この価値観の違いが、世代間の摩擦を生む原因にもなっています。

これからのリーダーは、新しいツールを積極的に取り入れていく必要があります。

④言語表現の変化

ＳＮＳやＬＩＮＥなどのメッセージアプリの普及により、新しい言葉や略語、絵文字の使用が一般化しました。若手世代特有のルールもどんどん生まれています。

私も驚いたのが、上の世代が送るメッセージの「。」（文末の句点）が怖いという話です。こういったことを聞くと、一体どうなっているのだろうとびっくりします。

ですが、これからのリーダーは、新しい表現方法を理解して適切に使用することが、世代を超えたコミュニケーションには重要です。

⑤フィードバックの方法の違い

今までは、チームメンバーへのフィードバックは、より長文で数を絞ったものが主流でした。ところがSNS世代は、短文かつライトで数多くのフィードバックを好む傾向にあります。SNSを活用した新しいフィードバック方法の導入が、これからのリーダーには求められています。

⑥「つながりすぎ」によるストレス

常にリーダーとつながっている状態は、部下に精神的な負担をかける可能性があります。

リーダーは、適切な「切断」の時間を設けることの重要性を認識し、実践する必要があります。

勤務終了後や休日のメッセージは、原則しないように徹底することです。

このように、SNS時代における部下とのコミュニケーションには、多くの課題が存在します。プライバシーの問題、コミュニケーションの質の低下、情報管理の困難さ、世代間ギャップ、ワークライフバランスの崩壊など、これらの課題に対処するためには、リーダーが積極的に取り組んでいく必要があります。

これらの課題をクリアするには、信頼関係スキルや効果的なコミュニケーションスキルが不可欠です。

この本では、そのための方法を、いろいろな角度からお伝えしていきたいと思います。

世代間の違いをアピールするのはご法度

「私は君たちと違って、もうこんな年齢だから」

「ほら、私たちの世代はおじさんだからさ」

このように、目上の人が自分の年齢を卑下する会話をしてきたら、あなたはどんな受け答えをしますか？

「いえいえ、お若いですよ」と返すくらいしかできないと思います。年齢の自虐は、対応がとても難しいのです。

ですから、この本を読んでいるあなたも、若い世代を相手に年齢を自虐するのは、やめましょう。「もうこんな年だから」と聞かされるほうは、面倒な気持ちになるだけです。

また、こんなケースもあります。

例えば、「今どきの子は「一丁目一番地」と言われても、理解できないんだよね」

このように若い世代が知らなそうなビジネス用語を言ってマウントを取りつつ、世代間の違いをアピールする人もいますが、これもご法度。ジェネレーションギャップの溝が深くなるだけで、よいコミュニケーションを築くことが難しくなってしまいます。

世代間の違いをアピールするのをやめたほうがいい理由とは

世代間の違いをアピールするのは、そもそも聞かされるほうには、得がありません。それどころか聞かされた人を困らせるだけです。

また、世代間の違いをアピールすることは、偏見や固定観念の助長につながります。特定の世代に対するステレオタイプを強化するだけですから、個人の多様性を無視してしまう発言です。

世代間の対立を煽ってしまい、調和を乱す可能性があり、職場での軋轢につながります。

異なる世代間の対話や協力を妨げます。

また、多様な視点や経験を生かすチャンスを逃します。

必要なのは建設的なアプローチ

部下との会話でコミュニケーションを深めようとするならば、世代間の違いをアピールするのではなく、以下のような建設的なアプローチをしていきましょう。

①共通点の探索

異なる世代の間にある共通の価値観や、目標に焦点を当てましょう。

②相互学習の促進

各世代の強みを認識し、お互いから学び合う姿勢を持つことが大切です。

③個人の多様性の尊重

世代という枠組みにとらわれず、個人の経験や能力に注目することが重要です。

④オープンなコミュニケーション

世代間の対話を促進し、異なる視点を理解し合う機会を設けることが有効です。

⑤インクルーシブな環境づくり

職場や社会において、あらゆる世代が活躍できるインクルーシブな環境、つまり、包括的な環境を整備することが求められます。

世代間の違いをアピールすることは、短期的には注目を集めるかもしれません。ですが、聞かされたほうは気分のよさを感じることがありません。長期的には、世代による分断や対立を招く恐れもあります。

そのかわりに、多様性を尊重し、相互理解を深めるアプローチを取ることが、より健全で生産的なチームを築くうえで重要です。

私たちは、年齢や生まれた時代にかかわらず、ひとりひとりがユニークな存在です。お互いの強みを生かし合う姿勢を持つべきです。

そうすることで、世代を超えた協力と創造性が生まれて、チームが強くなり、会社が発展して、社会全体がより豊かになっていくのです。

どう対応するかが問われる部下への指導

この本を読んでいるあなたならきっと、目上の人と話す際には悩むことなく、敬語で接しているでしょう。

逆に同僚や友人とは、当然ながら気楽にタメ口で話すはず。

でも部下や年下と話すとなると、タメ口で話していいのか、敬語を崩さないほうがいいのか？　と悩んでしまう人が多いのではないでしょうか？

こういったことで悩む人は、かなり繊細な方だと思います。

気を遣いすぎて、疲弊しやすいでしょう。

過度な気遣いは、リーダーとしての信頼性や権威を損なう恐れがあります。

また気を遣いすぎるリーダーほど、部下になめられてしまいがちです。部下が上下関係を軽視して、指示に従わなくなる可能性が出てきます。

では、繊細さを持ち合わせていなくて、気を遣わない、ガンガン言える旧型リーダータイプがいいのでしょうか？

特に体育会系出身者は、リーダーシップやコミュニケーション能力、高いストレス耐性など、営業などの分野で評価される特性を持っています。しかし、これらの特性を適切に発揮するためには、現代のビジネス環境に適応する必要があります。

「目上の人の言うことは、どんな理不尽なことでも絶対」という文化で過ごした体育会系出身だと、部下にも理不尽な要求をしがちです。

また、一方的な指示が中心となり、部下の意見を聞く機会が少なくなりがちです。

部下が求める理想的なリーダー像とは？

今の時代にはどんなリーダーが向いているのでしょうか？

それは、高圧的ではない。

でも、なめられない。

絶妙なバランス感覚を持った人こそが、これからのリーダー像です。

そんな理想的なリーダーに求められるのが、次の6つの条件です。

①適切な距離感

部下との間に適度な距離を保ち、親しみやすさと権威のバランスを取ることができる。

②効果的なコミュニケーション

状況に応じて、敬語とカジュアルな言葉遣いを使い分けることができる。

③明確な指示

あいまいさを避けて、部下に明確な指示と期待を伝えることができる。

④傾聴力

部下の意見や懸念を積極的に聞き、フィードバックを提供することができる。

⑤公平性

すべての部下を公平に扱い、えこひいきを避けることができる。

⑥自己啓発

常に自身のリーダーシップスキルを向上させる努力を怠らない。

これらの条件を満たしたリーダーは、部下からの信頼を得やすく、チームの生産性と満足度を高めます。

現代のビジネス環境において理想的なリーダーは、高圧的でもなく、なめられることもない、バランスの取れた存在です。このようなリーダーシップスタイルを身につけるためには、リーダーとしての話し方スキルを常に学び続ける姿勢が重要です。

また、部下ひとりひとりの個性を理解し、それぞれに適したコミュニケーション方法を選択する柔軟性も必要です。

そのようにコミュニケーションスキルを磨くことで、最終的に理想的なリーダーは、チームの目標達成を成し遂げることができるし、個々のメンバーの成長をサポートするスキルも身につくでしょう。そうすることで、あなたは一生仕事に困らないリーダーとしての資産を手に入れることができます。

そのためにも、この本では心理学をベースにしたスキルをお伝えしていきます。

1章

リーダーに求められる話し方の基軸

「マインド」と「スキル」、話し方で優先されるのはどっちだ？

「マインド」と「スキル」。

リーダーとしての話し方として、優先されるべきなのはどっちだと思いますか？

「話し方で大事なのは、小手先のスキルじゃない。心が重要だ」

「スキルよりも、共感が大事。相手の立場に立って考えなさい」

このように、なぜかコミュニケーション本やコミュニケーション研修の世界では、「スキルよりマインドだ」という論調が多くあります。

私のデビュー作『あたりまえだけどなかなかできない聞き方のルール』（明日香出版社）を執筆するにあたって、日本で販売されている聞き方をテーマにした本をすべて買い集めて研究しました。といっても、当時は聞き方の本は少なくて、せいぜい40冊くらいでしたが、その40冊のうち、具体的なスキルを紹介している本は、ほんの数冊でした。

ほとんどの本に「マインドが大切。相手の気持ちを考えて聞きなさい。共感が大事です」と明記されているものの、具体例は紹介されていませんでした。

当時の私はびっくりしました。

「なんだ、これ！ これなら私が本を書いたほうが、間違いなくたくさんの人の役に立てる！」と確信できました。

通常であれば、スキルはとても重宝されるものです。ところが不思議なことに、コミュニケーションの分野になると、スキルは「小手先の」という表現とセットとなり、スキルよりも心が大事だという論調が多くなってしまうのです。


なぜそうなってしまうのか？

それはおそらく、話し方や聞き方で苦労した経験がない人が、そのままそういったことを教えていることが原因なのだと思われます。

例えば、私は書籍を30冊以上の執筆していますが、それぞれの本の原稿は数週間で書き上げます。早ければ1週間くらいです。

「なんでそんなに早く書けるのか？」と質問されることがあるので、質問者には丁寧に教えますが、同じようにやれた人は今のところひとりもいません。私にとっては、それほど難しくないことでも、他の人にとってはとても難しいことなのかもしれません。

私にとって本を書くのが簡単なのと同じように、「コミュニケーションはスキルよりマインドが大事」とおっしゃる人は、自分が最初から得意なことを、「こうしたら簡単にできるよ」と教えているような状態なのではないでしょうか。

私が20代のころに飛び込んだ営業の世界では、「気合いが大事」という指導者が多くいました。

指導者になっている人たちは、過去に素晴らしい営業成績を達成したからその役職についていました。

そして、そういう指導者に多いのが、もともとコミュニケーション能力が高い人たちです。その人たちからしたら「売れるかどうかは小手先のスキルじゃない！　大事なのは気合いだ！」となるのも、いたしかたないでしょう。

ですが、私のように基礎的なコミュニケーションスキルを知らないで営業で苦労している人にとっては、「気合いが足りない」と言われても、まったく効果のないアドバイスでした。

コミュニケーションにおけるスキルとは

私の書籍では、うまくいった体験談を紹介しただけではありません。すべては心理学の理論をベースとしているので、再現性の高いものになります。

ひとくちに「コミュニケーションスキル」といっても、とても幅が広いです。

言葉の選び方、声のトーンや会話のテンポ、体の使い方、暗示の使い方、論理的な構成スキル、質問のスキル、聞き方のスキル、心の読み方など、たくさんのスキルがあります。

大事なのは、それぞれのスキルは訓練や練習によって向上させることが可能だということです。なので、リーダーとしての経験が浅い人でも、これらのスキルを訓練で身につけることでベテラン指導者と肩を並べることができるようになります。

マインドの重要性

といっても、マインドや心が一切不要ということではありません。せっかくスキルがあっても、「部下の利益を損なってでも自分が得しよう」とか、「うそをついてでも人を動かそう」というマインドで接していたら、それはなぜか伝わってしまいます。

心理学的に見ると、リーダーの心構えや態度は、そのまま非言語的なメッセージとして伝わり、聞き手の感情や反応に大きな影響を与えます。

心理学の研究によれば、共感力（Ｅｍｐａｔｈｙ）は人間関係を築くうえで極めて重要な要素とされています。共感力とは、相手の感情や立場を理解し、それに寄り添う能力を指します。

リーダーが共感力を持っている場合、部下は「この人は私の気持ちを理解してくれている」と感じ、信頼関係が築かれやすくなります。

逆に共感力が欠如していると、たとえ話し方が流暢であっても、部下は距離を感じます。

いずれにしてもマインドが歪んでいたら、いくらスキルを駆使しても隠し通すことはできません。

話し方のスキル以上に、話し手のマインドが重要だということです。


また、マインドは、話し方における説得力にも、大きく影響します。

リーダーが自信なさそうに話していたら、説得力が薄れて内容に疑問を抱かれます。リーダーが自信を持って話すことで、聞き手はメッセージをより信頼しやすくなります。

「これは重要なことだ！　絶対に伝えたい！」というマインドがあってこそ、スキルが生かされます。


ここまで、スキルとマインドそれぞれの重要性についてお伝えしました。

マインドがなければ、スキルを生かすことができず、逆にスキルがなければ、マインドを効果的に伝えることが難しくなります。

例えば、気持ちが入っていて共感力を持って話すことができても、言葉のスキルが未熟だったり、構成が未熟だったりすると、伝わりません。

逆に、話し方のスキルが高くても、自己中心的で他人への共感力が欠如していると、部下は即座に感じ取ります。

実際のコミュニケーションにおいては、この2つが相互に作用し合います。

この本では、スキルを中心にお伝えしていますが、マインド面では、常に自分をごまかさず正直に伝えることを意識しましょう。

「マインド」と「スキル」の両方をバランスよく高めることが重要です。

影響力を与えるリーダーの話し方とは？

影響力を与えるリーダーの話し方は、単なるコミュニケーションスキルを超えた戦略的なアプローチを必要とします。話し方には3つのレベルがあり、それぞれが異なる目的と効果を持っています。

①第1レベル：一般向けのコミュニケーション

第1レベルは、ほぼすべての人に必要とされる基本的な話し方のスキルです。多くの話し方教室は、このレベルを対象としています。

人前で緊張せずに話せるようになることで、好感を与えるのが主な目標です。具体的には次のようなスキルが含まれます。

・笑顔で話す
・相手の目を見て話す
・適切な声の大きさとテンポで話す
・明瞭な発音で話す

これらのスキルを身につけることで、大勢の前に出るのが怖くなくなります。

②第2レベル：ビジネス向けのコミュニケーション

話し方の第2レベルは、ビジネスで身につけたいスキルです。特にプレゼンテーションなどでのスキルとなります。

正確に伝えて、論理的に構築された話をして、提案を受け入れてもらうのが目的です。

・プレゼンテーションスキルの向上
・論理的な構成力の強化
・正確な「報連相」（報告・連絡・相談）の実践

・提案を受け入れてもらうための説得力の向上

これらのスキルは、効果的なビジネスコミュニケーションの基礎となり、プロジェクトの成功や業務の効率化につながります。

③第3レベル：影響力を与えるリーダーの話し方

第3レベルは、影響力を持つ話し方で、リーダーに求められる最も高度な話し方のスキルともいえます。これは話し方によって、大勢の人を導くレベルで、リーダーのためのスキルです。

このレベルでは、単に情報を伝えるだけではありません。聞き手に影響を与えて、行動を促すことが目的となります。

リーダーとしての「話す力」には、一般的な話し方とは異なるスキルやマインドが必要になるのです。

第3レベルのスキルを習得するための5つの要素

1 興味を惹きつける

凡庸な言葉の羅列や、使い古された言い回しでは、人は動きません。できるリーダーは、極めて印象的なキーワードを使います。

もしかしたら次のような言葉を使っていませんか？　人を動かすリーダーを目指すなら、これらの凡庸なフレーズは、あなたの辞書から削除してください。

「石の上にも3年だよ」「前向きに考えよう」「お客さま第一だ」「PDCAサイクルを回そう」「人間誰しも」「未来を切り開く」「人と人をつなぐ」「夢を叶える」「世界平和のために」「ものの見方を変えると人生が変わる」「感謝が大事」「健康が一番」「可能性は無限」「人を笑顔にしよう」「あきらめなければ夢は叶う」「何事も経験だ」「地道にコツコツと」「凡事徹底」「愚直に」

2：聞き手のテンションを上げる

聞き手のテンションを爆上げするには、情熱的で活力のある話し方が必要です。といっても、選挙演説のように、叫びまくればいいものではありません。時にはささやき声で、時には抑えきれない感情があふれ出すように大声で。メリハリがとても大事になります。また、間をたっぷり使うことで、大物感を演出することができます。

3：信頼感を与える

リーダーは、常に一貫性のある言動を心がけましょう。一貫性がないと思われたら、信頼感が下がります。もしも、以前に言ったことと違うことを述べる場合には、なぜ変えたのか、その理由をしっかり伝えることが重要になります。

4：基準を示す

リーダーは、単純にいいか悪いかではなく、明確な基準値を示すことが必要です。期待値や目標値を常に明確に伝えることで、混乱を防ぎます。目標を達成するための具体的な行動指針を提案するのも大事になります。

5：どっしり感を見せる

大きな目標になればなるほど壁も高くなり、問題が増えるのは当たり前です。いざとなったら責任を取るという覚悟が、さまざまな問題が起きても微動だにしない安定感をつくります。困難な状況でも冷静さを保つことが、リーダーには必要です。

これらの要素を意識的に取り入れることで、リーダーは人に強い影響を与え、支持者や応援者を増やすことができます。

リアルタイム感を出す

カリスマ的なスピーカーといえば、キング牧師です。

1963年8月28日にリンカーン記念堂の階段上で行われた彼の演説は20世紀最大のスピーチともいわれています。彼のスピーチを見ると「今日」「今」という言葉が何回も繰り返されています。この言葉でリアルタイム感を出しているのです。心を躍らせるためにとても有効です。ここで、キング牧師のスピーチからフレーズをいくつか抜粋し、紹介しましょう。


「本日私が、アメリカ合衆国史上、最も偉大な自由のためのデモとして〜」

「今、私には夢がある」

「100年前、ある偉大なるアメリカ人がいた。我々は今日、その人物をかたどった像の前にいる」

「そこで我々が今日ここに集結したのは、この悲惨な状況を浮き彫りにするためである」

「今、明らかに、アメリカは有色人種の市民に関して……」

さらにいうと、「我々」という言葉を多用することによって、一体感を生み出しています。

リーダーとして取り入れるべきパターンといえます。

モデリングの活用

リーダーとしての効果的な話し方や態度を身につけるために、モデリングというスキルが有効です。まずはあなたが尊敬するリーダーを選びましょう。

身近な人なら、その人を徹底的に研究します。そのリーダーの言葉、声のトーン、ボディーランゲージの3つを取り入れるのです。

身近な人にモデリングの対象になるリーダーがいなければ、本を何冊も出しているリーダーをモデリングしましょう。動画があるならそれも目を通して、その人を自分の中に取り込んでいくのです。

例えば、スティーブ・ジョブズをモデリングするとします。ジョブズ関連の書籍や動画はすべて見ましょう。すると、彼の考え方や信念、理念がインストールされていきます。まずはモノマネです。スティーブ・ジョブズの着ぐるみをいつも着て部下に接します。何か決断に迷ったら「ジョブズならどうするだろう？」と自然にイメージできるようになるでしょう。


以上のように、影響力のあるリーダーになるために、第3レベルのスキルを習得することで、単に情報を伝えるだけでなく、人々を導き、大きな変化を生み出す力を手に入れることができるのです。

人前で話しても緊張しないリーダーになる方法とは？

「人前だと緊張してしまう」という人が多くいます。ですが、緊張には大きなメリットがあります。

人はまったく緊張がなく、弛緩した状態だと、力を100％発揮できません。多少の緊張があるから、力を十分に発揮できたり、自分の能力以上のパフォーマンスができたりするのです。

例えば、オリンピックの大舞台で、自己新記録を出す選手がいます。これは、緊張して当然の大舞台だからこそ、緊張をうまく生かせて、いつもの自分以上のパフォーマンスを発揮できるのです。

緊張を力に変える方法

①深呼吸をする

人前に出る前には、深呼吸をしましょう。深呼吸にはコツがあります。

腹式呼吸で深呼吸をするのです。

・鼻から息を吸って、お腹をふくらませます。

・4秒で吸ったら、4秒間息を止めます。

・そして12秒間かけて、口から息を吐き出します。

・慣れてきたら、息を吐き出す時間を20秒以上かけるようにします。ゆっくりと吐き出すことで、脳波は、一番集中力の高いアルファ波が出やすくなります。

ゆっくり吐き出している間、体中を弛緩させましょう。

そのために、息を吸うときには、体中の筋肉に力を入れます。

これを繰り返すことで、体がリラックスしますし、脳波も落ち着いて集中力が高いアルファ波が出て、最高のパフォーマンスを発揮しやすくなります。

②ゆっくり動く

人前に立つと、よくやりがちなのが、早く動いてしまうことです。せかせか早く動いてしまうと、早口になりやすくなります。早口になって、何を言いたいのかわからなくなってしまうと、聴衆が理解できなくなります。何より、早く動くことで、緊張度はますます上がってしまいます。

大切なのは、ゆっくり動くこと。

動きと呼吸のスピードは連動しているので、緊張しているときこそゆっくり動くことを心がけましょう。緊張しているときこそ、意識的にゆっくり動き、ゆっくり呼吸しましょう。呼吸が整ってくると、不思議なくらいに緊張も緩和されていきます。

③ゆっくりと聴衆全員を見渡す

人前で話すのに慣れている人と、慣れていない人の一番の違いは、アイコンタクトです。

これは話し方教室などで必ず練習する項目です。これができるようになると、かなりの上級者です。

ときどきスピーチの場で、1点を見つめて話す人を見かけますが、それだと、置いてきぼりにされた気分を感じる人が出てしまいます。

ですから、全員にアイコンタクトをしましょう。

その具体的な方法で、有名なのが「ジグザグ法」です。

イスが横1列に10席、それが5列あったとします。その状況で次の順で目線を動かしましょう。

①最初に視線を合わせるのは、最後列5列目の、一番左側の人です。
②そこからゆっくりと、最後列5列目の一番右側の人に移動します。
③次は、4列目の一番左側の人に視線を移動します。
④そしてゆっくりと、4列目の一番右の人へと視線を移動します。

このように、最後列からジグザグに視線をゆっくりと移動させることで、全員と目が合うようにしていくのです。

以上3つの方法をご紹介しましたが、緊張は、あなたのパフォーマンスを引き上げてくれる味方です。うまく付き合っていきましょう。

人前でうまく話せるリーダーになるために、必要な準備とは？

「人前で話して失敗したことがあります。それ以来、人前は苦手なんです」

こんな相談をされたとき、私は次のような質問をします。

・松橋「声を出してのリハーサルは何回しましたか？」
この質問に対し、ほとんどの人がこう返答します。
・相談者「ええと、声を出して練習するというのは1回だけです。全部じゃないですけど」
そこからの流れはこうなります。
・松橋「そうですか。話す内容を、最初から最後まで、声に出してリハーサルしないと、準備したことにならないですよ。リハーサルを録画しましたか？」
・相談者「録画はやったことがなかったです」

・松橋「リハーサルをしたら、必ず録画してください。そして、見るのはとてもつらいと思いますが、チェックしてください。自分の課題がたくさん見つかりますよ」
・相談者「そうですね。次回から、そうします」

つまり、多くの方が練習不足の状態でスピーチしているのです。


プロのアナウンサーの準備をご存じでしょうか？

台本をすべて書き出します。そして、その台本を、しっかりと声を出して読み上げます。つっかかるところがあるようだったら、そこを集中して何度も練習します。

「目で読んだだけだとダメ。音読は必ずやります。音読を1度もしたことがない言葉を、人前で話すなんてありえないです」

とテレビで活躍していたプロのアナウンサーが教えてくれました。

友人のフリーアナウンサー倉島麻帆さんに司会を頼んだときのことです。

出演者のプロフィールを書き出した紙が、講師台に置いてありました。講師紹介のときに読み上げてもらうために、私が事前に送っていたものでした。遠目で見ると、いろいろ書き込みがしてありました。気になったので彼女に質問してみました。

「これ、私が送ったものですね。ちょっと見ていいですか？　どのような書き込みをされているんですか？」

間近で見てびっくりしました。私なら何も書き込まずに読めてしまうような文章なのに、ものすごくたくさんの書き込みがされていたのです。

「ええ、ちょっと恥ずかしいですが、読み間違えそうもない漢字にも、基本的にふりがなを振っています。あと、このマークは、息継ぎのポイントです。間を少し開ける場合は、このマークです。あと、声のトーンを張り上げるとか、音量を上げるとかの記号です」

「ええっ！　そんなに難しくない文章だと思うんですけど、それでもこんなに読み方を準備していらっしゃるんですね！　さすがプロは違いますね！」

プロはここまで準備をするのか！　と驚きました。

それに比べたら、ほとんどの人は、ピクニック気分のほとんど手ぶら状態で、エベレストに登ろうとしているようなものです。

音読での練習はほとんどせず、抑揚の場所も決めず、声を張り上げる場所も決めない。

とにかく話し方の準備をせず、たくさんの人前でしゃべるわけなのですから。

考えてみてください。エベレストに登るには、とても綿密な準備が必要になります。なのに、スピーチとなると、ほとんどの人が準備なし、練習なしの状態で臨み、「うまくいかなかった」と落ち込む。それは当然の結果と言っても過言ではありません。

アドリブも準備次第

私はギターを弾きはじめてから47年くらいになります。フュージョンブームでジャズに目覚めたおかげで、カッチリと決まったフレーズを弾くよりも、アドリブ、つまり即興演奏をしているほうが楽しいです。スタンダードジャズなどは、コード進行が複雑なものが多く、難易度が高いとやりがいもたっぷりです。

では、ジャズプレイヤーのアドリブというのは、すべて即興なのかというと、分解していくと実は違います。私の感覚だと、97％は仕込んだフレーズです。その仕込んだフレーズを組み合わせて、無限のアドリブフレーズにしていっています。

一流プレイヤーは縦横無尽にアドリブを弾き続けているように見えますが、「持ちネタをたくさん持っていて、それらを組み合わせて、さらにリスナーの琴線に触れる演奏ができる人」という解釈が成り立ちます。

人前でうまく話せる人や、いつも会話の中心にいる人も同じです。

一見すると自由自在にアドリブで話しているように見えます。「話がうまくて天才だぁ」と思うような人でも実は、さまざまな持ちネタを組み合わせて面白い話に仕上げています。

先ほどのアナウンサーのように話し方の練習などしていないかもしれません。でも、話がこなれていてうまいのは、同じネタを何度でも話しているからです。

YouTubeを見ていたら、興味深い話題の人がいました。その人が、いろんな人から呼ばれて話をしている動画も多くアップされています。あちらこちらの動画を見ていると、同じネタを同じような順番で同じようなタイミングで盛り上げています。同じ話を、何度も何度も繰り返しているうちに、話術が磨かれていました。

その人が決して天才的な話術を持っているわけでなく、単純に何度も本番を積み重ねた結果、鉄板でウケる流れを構築できたということです。

かく言う私も、講演やセミナーなど人前で話す機会には、毎回ほとんど同じ自己紹介をしています。今では、「急で申し訳ないのですが、即興で2時間ほど講演してくれませんか」と言われても困らないくらいです。今まで何度も何度も人前で話すことで磨き上げた持ちネタを、組み合わせればいいだけなのですから。

営業職だったころは、ひとつの商品を何年も売っていました。ですから、同じトークを1万回とかやっていたわけです。うとうとしながらしゃべれるくらいです。

同じ商品を何年も売るという体験はセールストークを磨き上げるうえで、貴重な体験となりました。

音楽と一緒で、97%くらいは固定のトーク。残り3%程度は、その日思いついたことを初めて言ったときに、相手の反応がよかったら、固定トークの中に入れていきます。

ベテランの営業担当者は、縦横無尽にセールストークを繰り出しているように見えますが、やはりそれまでの蓄積を含む準備があってこそのスキルなのです。

あのスティーブ・ジョブズでさえ、新製品のプレゼンでは、セリフはもちろん、音楽や照明など、すべてしっかりと台本をつくります。そして、本番と同じ舞台で何度も練習していたそうです。

世界をあっと言わせた数々の商品の力だけでなく、あのプレゼンのおかげで世界を席巻できたと思います。

つまり、話し方の上達には、練習の数が大事だということです。

人前での話し方を練習する場合は、必ず録画してチェックしましょう。録画を見ると結構落ち込みます。理想的な話し方をする人のイメージと、自分の話し方がかけ離れていることが、客観的に理解できると思います。でも、その落ち込みが、大きな成長のきっかけになります。

十分な練習を積んで、人前で話すのが楽しくてしょうがないという状態になっていただけたら、私も最高にうれしいです。

リーダーに必須な発声練習とは？

スピーチについて、先ほど紹介した倉島麻帆さんがこうおっしゃっていました。

「発声練習をしないで、いきなり人前で話すのはありえない」

私が小学生のころは、野球がまだまだ全盛期でした。クラスの男子全員が野球部で、私も野球少年でした。あるとき、準備運動をしたり、軽いキャッチボールをしたりせずに、いきなり全力投球したら、肩を壊してしまいました。痛くてボールを投げられないのです。

発声練習をしないでいきなり人前で話したら、同じようなことが起きたことがあります。ほんの数分しか話していないのに、声がガラガラ、カスカスになってしまったのです。

これは、緊張も大きいのですが、発声練習をしなかったのが大きな原因でした。

プロボーカリストは、録音やライブの本番の5時間前には起床するそうです。声が起きるまで時間がかかるからといいます。講演などの場合は、そこまでしなくてもいいかなと思いますが、2時間前には起床したいと考えています。

しっかりした発声ができるように、まずは口の周りの筋肉をほぐしましょう。なぜなら、顔の筋肉が固まったままだと、引きつった笑顔になり、聴衆に緊張を与えてしまうからです。

私は人前で話す当日の朝は、倉島麻帆さんから学んだ準備法を、腹式呼吸の練習も兼ねて、入浴しながらやっています。「ハミング法」といって、「んー」と唸りながら、喉や体を響かせます。できるだけ長い時間、途切らせないように声を出します。このとき最低20秒以上、声を出し続けることを目標にしましょう。10秒未満で声が途絶えてしまうとしたら、腹式呼吸がうまくできていない証拠です。そのまま人前で緊張しながら話すと、数分間で声が枯れてしまう可能性が高いので注意しましょう。

また、ハミング法ではしっかり腹式呼吸をすることで、マインドフルネスの効果も得られるだけでなく、集中力アップ、緊張やストレス緩和にも役立ちます。

そして定番の発声練習。

「あえいうえおあお、かけきくけこかこ、させしすせそさそ、たてちつてとたと、なねにぬねのなの、はへひふへほはほ、まめみむめもまも、やえいゆえよやよ、られりるれろられろ、わえいうえおわお、がげぎぐげごがご、ざぜじずぜぞざぞ、だでぢづでどだど、ばべびぶべぼばぼ、ぱぺぴぷぺぽぱぽ」

声を体全体に響かせることを意識しながら、ひと通り行います。

私の場合、さ行、た行、ま行がうまくいかないことがよくあるので、この行を何度も繰り返すことが多いです。ここまでやると、唇や顔の筋肉が温まってきます。

次は、滑舌のトレーニングです。

呂律がうまく回らない、よく噛んでしまうという人は、舌の筋肉が硬くなっていることが原因になっている可能性が高いといえます。そのため、舌の動きが鈍くなり、スムーズな発声ができなくなっているのです。

滑舌が悪い人は、特に「さ行、た行、ら行」が不明瞭になりやすい傾向にあります。

「さささささささ」

「たたたたたたた」

「ららららららら」

このように、同じ音を連続して発声すると、舌が回りやすくなります。普通に生活していたら、声を張るような機会はありません。そんな状態のままいきなり人前で、全員に届く声を出そうとすると、すぐに喉が枯れてしまい、とても聞き苦しい声になってしまうので準備はとても重要なのです。

「何が言いたいの？」と聞かれる人は、一文多義で失敗している

込み入った話でもないのに、わかりにくく話をする人がいます。それはたいてい一文が長いのです。一文に多くの意味を盛り込んでしまうことを一文多義といいます。

「一文多義」ではなく「一文一義」にしよう

一文多義と聞いて、すぐにピンとくる人はどれくらいいるでしょうか？　ここで一文多義の例文を紹介しましょう。

「先日の打ち合わせでのご指摘をいただきましたので、そのアイデアを踏まえて、新しい提案の説明を加えたパワーポイントを作成しましたので、ご指摘に沿った内容かどうかをチェックしていただけますとありがたいのですが、いかがでしょうか？」

この文章は、理解できないことはありませんが、とても伝わりにくい内容となっています。理由は一文に4つの情報が入っているからです。

①指摘があったこと
②新たなパワーポイントをつくったこと
③チェックしていただきたいこと
④いかがでしょうか？

これを一文一義の文章にしてみると、こうなります。一文一義とは、ひとつの文章にひとつの意味だけを込めるという原則です。

「先日の打ち合わせでご指摘をいただきました。その点を踏まえ、新しい提案書を作成させていただきました。今回の資料では、前回ご指摘いただいた部分の説明を加えてあります。こちらの内容で気になる点はないか、改めてチェックいただければと思います。いかがでしょうか？」

どうでしょう？　前述の文章よりもグッとわかりやすくなったと思いませんか。

なぜ一文一義が重要なのか

一文一義を意識することで、相手に伝わりやすくなるだけでなく、次のようなメリットが得られます。

①誤解を防ぐ

複数の意味を含む文章は、読み手によって解釈が分かれる可能性があります。一文一義を心がけることで、そのリスクを大幅に減らすことができます。

②理解しやすさの向上

シンプルな文章は理解しやすいものです。一文一義の原則に従うことで、複雑な内容でも読み手に伝わりやすくなります。

③論理的思考の促進

一文一義で書くためには、自分の考えを整理する必要があります。これは論理的思考力の向上にもつながります。

④時間の節約

明確な文章は、読み返しや確認の手間を省きます。結果として、コミュニケーションにかかる時間を短縮できます。

長い文章は複数の意味を含みやすくなります。できるだけ短い文を心がけましょう。目安として、一文はせいぜい40字程度に収めるのがいいでしょう。

一文一義にするためのテクニック

一文多義になってしまうのは、接続詞などを埋め込んでしまうからです。

具体的にいうと、「なので」「ので」「なのですが」などのことです。これらの接続詞などを使いたくなったら、そこでいったん「。」を入れて文章を区切りましょう。

「指摘をいただきましたので、」⇩「ご指摘をいただきました。その点を踏まえ〜」

というように、長くなりそうな文をできるだけ句読点で区切る癖をつけましょう。

主語と述語が離れるとわかりにくくなる

「私は、商工会議所がリーダー向けの研修を企画して、その依頼で講座に登壇したときに、参加者がとても素直で前向きなことに感動しました」

この文章は、わからなくもないですが伝わりにくいと思います。

理由は主語と述語が離れすぎていて、一文多義になっているからです。

主語と述語をくっつけ、文章を分割して一文一義にすると、こうなります。

「商工会議所がリーダー向けの研修を企画していました。その依頼で私が講座に登壇したときに、参加者がとても素直で前向きなことに感動しました」

一文一義のデメリット

一文一義には多くのメリットがありますが、いくつかのデメリットも存在します。

①文章が単調になる可能性

短い文の連続は、リズム感に欠ける場合があります。これを避けるために、時には長めの文を織り交ぜるなど、変化をつけることも大切です。

②文章量の増加

一文一義を厳密に守ると、文章量が増えることがあります。

③文脈の把握

短い文の連続では、文脈が見えにくくなることがあります。適切な接続詞などを使用したり、段落構成を工夫したりすることで、この問題を解決できます。

以上のように、一文一義は、デメリットもありますが、明確なコミュニケーションを実現するための基本です。この原則を意識して話すことで、誤解を減らし、伝えたい内容を確実に相手に届けることができます。

日々の練習を通じて、一文一義の技術を磨いていけば、あらゆる場面でのコミュニケーション能力が向上するでしょう。

できるリーダーはうまい言い訳をして、できないリーダーは下手な言い訳をする

相手に問い詰められたときに、ついつい言い訳をしたくなりますよね。言い訳次第では、使えない人だと判断されます。例えば、クライアントや他部署の人に対し、次のようなフレーズは、嫌われるので特に気をつけましょう。

①「できません」

相手にしてみれば、「やりもしないで、できるとか、できないなんて、わかるわけがないだろう！」と怒りを買う言い訳で、無気力、積極性のなさを感じさせます。

②「難しい」

この言葉は、「簡単で楽な仕事だけやりたいです」と、相手に誤解される可能性が大です。

簡単で、できると思える仕事ばかりやっていたら、能力が上がることはありません。

③「わかりません」

「わからないことがある」のは仕方のないことです。問題は言い方です。

この言い訳では、「わからなかったら調べろ！」と言われるのがオチ。ここで大切なのは、相手に積極性をアピールするために、具体的にどこがわからないか伝えることです。

「今おっしゃった◯◯の部分がわからないので、どうすればいいのか教えていただけますか？」と即行動に移すための質問を付け加えることで、受け取り側のイメージはグッと変わります。

④「聞いてません」

「前もって言われていたことじゃないと、私はやりたくないです」といった意図を感じさせます。上から目線に感じられるので注意しましょう。

⑤「忙しかったのでやっていません」

「うちの会社に暇な奴なんてひとりもいないわ！」と怒られそうな言い訳です。

「忙しい」という言い訳は、消極性をアピールするようなもの。

うまく言い訳するなら、

「今、新プロジェクトの業務が滞っていまして」

「その資料作成はもう少しお待ちいただけませんか。○日までには対応できると思います」

とまずは手をつけていない原因は何かを明確にし、そのうえでいつまでにはできそうか
という予定を伝えるようにしましょう。

⑥「ちょうど今、やろうとしていたところです」

子どものような言い訳ですね。

イラッとさせて、余計怒りに火を注ぎます。

「使えないなぁ」と思われる典型パターンです。


どうですか？　あなたも無意識のうちにこのような言葉を、使っていませんか？

これらの言葉は、単純な作業員意識から出る口癖です。

消極的で、創意工夫をしようという気持ちが感じられません。自己弁護をしよう、正当化しようというマイナスの感情が相手に伝わりやすくなってしまいます。もしかしたら、こうした何気ない受け答えが、あなたの首を締めているかもしれません。

それに対して、成功する人は、自分を守るための言い訳をしません。

「申し訳ありません。このままだと業務に差しつかえが出て、会社に迷惑がかかってしまうと判断してしまいました」

このように、あくまで仕事のため、会社のためという立場を崩さないで謝ります。

言い訳次第でリーダーとしての評価は大きく分かれるのです。

できるリーダーはひと言で言い表す！ コメント力を磨くための方法

リーダーにとってひと言で言い表すコメント力は、非常に重要なスキルといえます。
簡潔に、さらに的確に意見や感想を伝える能力は、ビジネスシーンでもプライベートでも大きな武器となります。

なぜひと言で言い表す必要があるのでしょうか？
それは、現代が情報にあふれているからです。
そのため、簡潔に要点を伝える能力が重要視されています。
また、インパクトのあるコメントはカリスマ性を高めてくれます。

コメント力を磨く方法

①語彙力の向上

豊富な語彙は、適切な言葉選びの基礎となります。

心理言語学の研究によると、語彙力が豊富な人ほど思考の速度と正確性が高いとされています。説得力のある人は、さまざまな情報を入手し、日ごろから多くの言葉に接しています。

言葉に接するのは、ニュースやＳＮＳだけではありません。できるだけ広いジャンルの本を読むことが、語彙力を高めます。ビジネス本だけでなく、小説やエッセイ、コラム、実用書など幅広い分野の文章を読むことをおすすめします。

②要約力の強化

長文を短くまとめる練習は、ひと言コメント力の向上に直結します。

本を読んで、ＳＮＳの文字数制限の中で投稿をするのもいい練習になります。

認知心理学のダニエル・カーネマンは、人間には物事に対し直感や経験に基づいて即座に判断するシステム1の「速い思考」と、集中力が必要とされるシステム2の「遅い思考」の2つがあると提唱しています。

「速い思考」は感情をそのまま表現するものになるのですが、そのためミスも多発しやすく、時には人間関係をこじらせることにもなります。

そこで重要になるのが、「遅い思考」です。

この思考は意識的に発動しないとなかなか使わないものですが、このシステムを発動させることで、物事を俯瞰で捉え、ベストな表現や対応を導き出すことができます。そのため「遅い思考」はアンガーマネジメントなどでよく用いられます。

「要はこういうことですね」と長文をまとめるには、内容を咀嚼して、自分の中で一度理解してからアウトプットするための「遅い思考」の活用が重要になります。つまり、要約力を鍛えることで「遅い思考」のシステム強化ができるようになるのです。

また、言語化する行為は「内省」を促進し、自己理解力と表現力を高めるため、このプロセスは自己効力感アップにもつながります。

③メタファーの活用

メタファーとは比喩表現のことです。メタファーを使うことで、複雑な概念を簡潔に伝えることができます。

複雑な概念をわかりやすく説明できます。

比喩を使うことで、聞き手の注意を引きつけることができます。

「この課題を解決するのは、強敵に挑むようなものだね」

「あまりに忙しくてジェットコースターに乗っているような1日だった」

「会議での彼はとても静かで借りてきた猫みたいだった」

「部長が鬼のような形相で怒っていたよ」

このように、日常的な物事を別の視点で捉える練習をしたり、自然現象や動物の特性を人間の行動に例えるなどのメタファーを使うことで、インパクトを与えることができます。

アメリカ認知言語学創設者のひとりのジョージ・レイコフは、メタファーが我々の思考や行動に大きな影響を与えると主張しています。適切なメタファーの使用は、相手の理解を深めます。

④クリティカルシンキングの強化

リーダーは、他人の話を聞くときに単純に鵜呑みにしていてはいけません。クリティカルシンキングが必要です。

クリティカルシンキングとは、物事の根拠や前提を批判的な視点から疑って、課題の本質を深く考える思考法です。日本語に訳すと「批判的思考」です。物事の本質を見抜く力を養うことが、リーダーに求められます。

- まずは、当たり前とされている前提を疑いましょう。
- そして根拠を求める習慣をつけましょう。

すると、論理力が磨かれていくでしょう。

⑤観察力を磨く

コメント力の基礎は、相手の話や状況を正確に理解する「観察力」にあります。人の話を注意深く聞き、相手がどのような意図や感情を持っているかを把握しましょう。

⑥YES／NO＋αの返答練習

単純な肯定・否定だけではなく、ひと言付け加えることでコメントに深みが生まれます。「賛成です」と答える場合、「～だから賛成です」と具体例や理由を添える練習をしましょう。矛盾点や課題に気づいた場合も、「反対です」「違います」ではなく、「こうしたらどうでしょう？」と代替案を提示する癖をつけていくことで、コメント力が磨かれます。

このように、具体的な練習を積み重ねていくうちに、自然とコメント力が磨かれていくでしょう。

紹介した方法から、自分に合ったものを選び、継続して取り組んでみてください。結果として、信頼されリスペクトされるリーダーになれるでしょう。

「結論ファースト」がすべての正解ではない

結論ファーストとは、会話やプレゼンテーション、提案、レポート、面接などで、最初に結論を伝えることです。メリットとデメリットを紹介しましょう。

【結論ファーストのメリット】

結論から伝えることで、時間の節約につながります。聞き手は最初から要点を把握できるため、時間を効率的に使えます。また、主要なメッセージが冒頭で伝わるため、誤解が少なくなり、聞き手が理解しやすくなります。

さらに注目度の向上にも役立ちます。重要な情報を最初に提示することで、聞き手の注意を引きつけやすくなります。

【結論ファーストのデメリット】

実は結論ファーストは、複雑な問題の説明には向きません。背景情報や過程の理解が重要な場合、結論を急ぐと全体像が把握しづらくなることがあります。また、創造的な議論や意思決定の場面でも、デメリットが大きいです。結論を先に示すことで、他の可能性や新しいアイデアの探索が制限される可能性があります。

最も大きいデメリットは、感情的な話や繊細な悩みについては、結論を急ぐことで、相手の感情が考慮されなくなってしまうことです。複雑な情報や感情的な話では、ストーリー形式で伝えるのがいいでしょう。理解と共感を得られやすくなります。

このように、結論ファーストは万能ではありません。状況、目的、聴衆に応じて、最適なアプローチを選択することが重要です。時には詳細な説明からはじめ、徐々に結論に導くアプローチが効果的な場合もあります。

できるリーダーは、さまざまな手法を柔軟に使い分け、最も適切な方法で情報を伝えることができます。「結論ファースト」を含む多様なコミュニケーション技術を習得し、状況に応じて適切に活用することが、真の意味でのリーダーにつながっていくのです。

2章

リーダーに欠かせない「聞く力」と部下の本音を引き出す「質問スキル」

できるリーダーは、聞くときの意識をどこに向けているのか？

コミュニケーションはリーダーシップにおいて最も重要なスキルのひとつです。特に、相手の話を聞く能力は、効果的なリーダーシップの根幹を成すものと言えるでしょう。しかし、単に耳を傾けるだけでは不十分です。真のリーダーは、相手の話を聞く際に、意識をどこに向けるかを常に意識しています。

相手の話を聞いているとき、あなたはどこに意識を向けていますか？

この問いは、リーダーシップの質を大きく左右する重要な要素です。例えば、部下が休日の思い出を語る場面を想像してみましょう。

「実はこの三連休、山中湖に行ってきたんですよ。やっぱり富士山は癒やされますね！

山中湖から見る富士山は最高でしたよ！」


このような話を聞いたとき、あなたの心の中では何が起きているでしょうか？

ここで、リーダーの聞く姿勢は大きく3つのレベルに分けられます。

3つの「聞く姿勢」

①第1の姿勢

第1の姿勢は、自分の世界に意識が向いている状態です。

あなたが部下の話を聞きながら、

「あ、そろそろお昼だ、何を食べようかな。そういえば、午後、幹部相手にプレゼンするのは緊張するなあ。帰宅したらサッカーの試合が楽しみだな」

などと、相手の話とまったく関係のないことを考えているとしたら、これは最低レベルのリスニングです。このような聞き方では、相手の話の内容はほとんど耳に入らず、真のコミュニケーションは成立しません。

②第2の姿勢

第2の姿勢は、相手の話から連想される自分の経験や思いに意識が向いている状態です。

「(富士山か、最近行ってないな。前はいつ行ったっけ？　誰と行ったっけ？　そういえば、山中湖には行ったことがないな。来月の連休に行ってみようかな。来月はどんな予定があったっけ？　でも連休だとホテル代とか結構高いよな。せっかく行くなら、ついでにどこを観光したらいいかな？)」

こんなふうに、相手の話を聞きながら、心の中では自分の体験やストーリーに意識が向いている状態です。この状態では、自分の興味や関心に結びつけて解釈してしまいがちです。

その結果、

「連休だったらホテル代とか、すごい高かったんじゃないですか？」

「他にはどこを観光したんですか？」

と、相手の話の腰を折るような質問をしてしまうことに。

表面的には会話が成立しているように見えます。

しかし、実際には相手の真意を捉えきれていないことが多いです。「この人は話したいことを全然話させてもらえなくてつまらないなあ」という印象を与えます。

③第3の姿勢

真のリーダーが目指すべきは、第3の姿勢です。

・リーダー「それならお子さんたち、それは相当喜んだでしょう？」
・部下「そうなんですよ！　大喜びで、帰ってからの思い出話も、盛り上がったんですよ」
・リーダー「リフレッシュできて、活力が湧いているようで私もうれしいね！」

これは、相手に完全に意識を向けている状態を指します。

相手の立場に立って、その人の感情を想像しながら聞けるようになります。

すると、より深い理解と共感が生まれます。

深い理解と共感から、相手の話の文脈に沿った、適切な反応ができるようになり、気持ちに寄り添った対応ができるようになります。

なので、「この人と話していると理解してもらえてうれしい」という感覚を相手に持ってもらえます。

これこそが、一流のリーダーが目指すべきコミュニケーションの姿です。

第3の姿勢での聞き方を身につけるために必要なこと

相手に意識を向けるのは、トレーニングをしていないと意外に難しいものです。そのため、意識的な練習が必要になります。

まず、相手の話を聞くときは、自分の思考や判断を一時的に脇に置くことからはじめましょう。

思考や判断を脇に置くと、相手の言葉だけでなく、表情や声のトーン、ボディーランゲージにも注意を払えるようになります。

また、相手の話を遮らずに最後まで聞くことも重要です。

人は自分の話を最後まで聞いてもらえないことにフラストレーションを感じます。相手の話を最後まで聞くことで、相手への尊重の念を示すとともに、話の全体像を把握することができます。

さらに、相手の話を聞いた後に、適切な質問をすることも効果的です。

ただし、質問は自分の興味を満たすためにするものではありません。相手の話をより深く理解するための質問でなければなりません。

例えば、「何が一番の見どころでしたか？」「富士山を見て、どんなことを感じましたか？」といった質問は、相手の経験をより深く共有することができます。

第3の姿勢での聞き方は、単に相手の話を理解するだけでなく、相手との信頼関係を築くうえでも非常に重要です。相手が真剣に聞いてもらっていると感じると、より率直に、深い話をするようになります。これは、チームの結束力を高め、組織全体のコミュニケーションを改善することにつながります。

何より、第3の姿勢での聞き方は、リーダーとしての意思決定にも大きな影響を与えます。部下の真の思いや懸念を理解することで、より適切な判断を下すことができるようになるだけでなく、相手の立場に立って考える習慣は、組織全体の視点での判断力を養うことにもつながります。ただ、常に第3の姿勢を維持することは容易ではありません。特に、ストレスの多い状況や時間的制約がある場合、つい第2の姿勢に戻ってしまいがちです。しかし、真のリーダーは、そのような状況下でも意識的に第3の姿勢を保つ努力をすることが必要です。

この能力を磨くことは、単なるスキルの向上にとどまらず、リーダーとしての器を広げることにも大きく寄与するのです。

嫌われるリーダーの特徴的な6つの聞き方

リーダーは部下が話を聞いてくれる立場にあるため、無意識についやってしまいがちな、「嫌われる聞き方」をしていることがあります。

そこで、部下から特に嫌われる6つの聞き方を紹介しましょう。

①話を聞くときに腕組みをしてしまう

腕組みは、自分をガードしたいというボディーサインです。

癖で腕組みをしてしまう人は、無意識に常に何か自分を守りたいという気持ちが発動しているということです。

「相手を拒否したい」

「相手の話を受け入れたくない」

というメッセージを発してしまいます。

足組みも同様です。

恐縮してしまうくらい立場が上の人相手には、腕組みや足を組んだりしないはずです。

足を組むのはもちろん、腕組みをしている自分に気づいたら、「何を自分は守りたいのだろう？」と自問自答をしてみるといいでしょう。

②相槌を打たないで聞く

相手に波長を合わせたくないというボディーサインです。

「不平や不満がある」

「その話には納得できない」

「お前の話には乗らないぞ」

そんなメッセージを伝えることになります。

「人の意見を受け入れては、リーダーとしてなめられる」という間違った思い込みがベースになっているのかもしれません。

自分の意見に一切耳を傾けてくれない人に従う人はいません。このことを知っておきましょう。

③相槌を打ちすぎる

しっかりと相槌を打つのは、「話を聞いてくれている」と相手に感じさせることができます。

しかし、やりすぎると逆効果です。

適当に合わせている感じや、他のことを考えているような印象を与えてしまいます。

④目を見ないで聞く

話している相手の目を見ないということは、

「あなたの話に興味はないよ」

「聞きたくないよ」

というメッセージを伝えることになります。

相手に興味を持てないのに、「リーダーである自分のことには興味を持ってくれ」と言っているようなものです。

⑤手を動かしながら聞く

相手の目を見ないうえに、パソコンを打ちながら、あるいは何か書き物をしながら聞くというのは、相手に対し「興味がない」「聞きたくない」というメッセージを伝えていることになります。

また、ボールペンを、カチャカチャしながら聞く行為も同様です。「早く話を終わらせろ！」というメッセージとして伝わりやすく、相手に不快感を与えてしまいます。

⑥口を閉じて聞く

口を開かず、真一文字にして聞くのは、拒否をしているというメッセージを伝えます。笑顔で聞け、とまでは言わないですが、唇は、軽く少し開けて聞くようにしたほうが、この人は受容してくれているという感覚を相手に与えます。

「話を聞いてもらっている」
「受け入れてもらっている」

と感じてもらう表情を意識することです。

いかがでしょうか？　当てはまるものがある方は、注意が必要です。癖でやっているだけなのに、マイナスの印象を与えてしまって損をしています。

かくいう私も、かつては相槌をまったく打たないで部下の話を聞いたり、パソコンをしながら聞く、ということをよくやっていました。ひどいリーダーです。

嫌われる聞き方がわかれば、「好かれる聞き方」「慕われる聞き方」がどのようなものかをつかむ手がかりになります。

できるリーダーは、3つの「聞く」「訊く」「聴く」を使いこなす！

リーダーの仕事の7割くらいは、部下の話を聴くことではないかと思います。「きく」という行為には、3つの漢字が当てはまります。

①「聞く」

英語で「Hear」。

耳という感覚器官を使って入ってくる音や言葉を認識します。

受動的な「聞く」です。

②「聴く」

英語で「Listen」。

相手の伝えたいこと、言いたいことを聴いて、感じていることを理解しようとして、耳を注意深く傾けることです。聞くよりも能動的です。

③「訊く」

英語で「Ａｓｋ」。

自分が知りたいこと、自分が質問したいことを尋ねることです。


このように、「聞く」と「聴く」の違いは、とても大きいです。部下の話を聞くときに、耳に入ってくる言葉を受動的に受け取っている「聞く」だけだと、部下からの信頼が消えていきます。リーダーシップで苦労している多くの方は、「聞く」のはできるけど、「聴く」ことができていません。


また、「聴く」ことを十分にしないうちに、いろんなことを「訊く」人が多くいます。

リーダー向けのコミュニケーション研修の講師をしていて、いつも感じることがあります。

「まずは相手が楽しく話し出せるような聴き方を提供してあげてください。では3分間どうぞ」と言って実践してもらい、その3分間で受講者がどんな聴き方をしているのかを観察していると、管理職や営業職の中には質問魔になる人がかなり多くいます。相手の話を聴かず質問ばかりを相手に投げて訊いてばかりいる人がほとんどです。

「聴く」とは何かを把握しよう

「聴く」という漢字を分解してみましょう。「十四の心できく」と解釈する人が多いようですが、いろいろ文献を調べてみると、それは間違いのようです。「十四」に見える部分は、字源ではおまじないの印とされている「十」がついた「目」です。ですから、「耳」「十」「目」「心」という漢字で構成されています。

つまり、耳と目と心を使って相手の話を受け取ることが、「聴く」なのです。

「うちのリーダーは全然私を理解してくれない」と言われるリーダーは、相手の声を耳に入れているだけ。「聞く」だけをしていて、「聴く」ができていないのです。

部下が報告をしているのに、相手の顔も見ずにパソコン作業をしながら「ながら聞き」をするのも、「聞く」だけで、「聴く」ができていない状態です。

・目を使って相手の表情、体の動きをしっかり見る
・どんな気持ちだったんだろう？ と心を使う
・そして、「あなたの話は、心を使って聴いていますよ」というサインをしっかりと相手に送る

これらの「あなたの話をきちんと聴いていますよ」というサインの送り方には、プロのスキルがたくさんあります。聴き方にスキルなんてあるのか？ と思うかもしれません。しかし、数時間でも聴き方のトレーニングを受けた人は、トレーニングを受けたことがない人と比べたら、大人と子どもくらいの差があります。いえ、大人と赤ちゃんくらいの差かもしれません。

できるリーダーは、聴き方で部下を魅了できるのです。

私自身、聴き方のスキルを学んだおかげで人生が大きく変わりました。ですから、聴き方のスキルを広めるために「一般社団法人日本聴き方協会」を立ち上げました。協会名には「聴き方」という文字を使っていますし、通常は「聴く」という漢字を使います。

この本では読みやすくするために、あえて一般的な「聞く」という漢字で表記しますが、相手の深い心情を〝心で捉える技術〟も学んでいただければと思います。

できないリーダーは表面的な言葉だけ聞いて、できるリーダーは本音を引き出す質問をする

相手の心が読めたら、どれだけリーダーとしての業務が楽になるでしょう。

「部下が何を考えているのかわからないんです」

こんな悩み相談は、研修やセミナーでの定番です。

そんなときには、次のように答えます。

「部下の心をいくら想像してもわからないです。部下に聞く以外に方法はありませんよ」

「そう言われても、考えていることや思っていることを、はっきり教えてくれる部下なんていないです」

「あー、それは質問で失敗しているパターンかもしれませんね」

質問の種類は2種類あるのですが、この選択で失敗している人がとても多くいます。

質問方法は2つ

では、ここで部下の本音を聞き出すのに有効な2つの質問方法を紹介しましょう。

①クローズドクエスチョンばかり使う

質問の下手な人は、クローズドクエスチョンを多用します。

クローズドクエスチョンとは、「はい」または「いいえ」の返事が返ってくる質問のことをいいます。

また、「その質問の答えは◯◯です」と、ストレートに答えを引き出します。ですから閉じた質問とも呼ばれます。参考例を紹介しましょう。


【例1】
・リーダー「この仕事は何年目ですか？」
・部下「はい、3年目です」

【例2】

・リーダー「この仕事で必要な要素はなんだと思いますか？」

・部下「丁寧な確認です」

【例3】

・リーダー「この仕事をするときにはこういった失敗が多いようだけれど、あなたも同じような失敗をしましたか？」

・部下「いいえ、そんな失敗はしていないです」

このようにクローズドクエスチョンは、限定した答えを引き出します。なので、あまり考えさせたくないときや、他のことを言わせたくないときに有効です。典型的なのは、誘導尋問です。

誘導尋問は、クローズドクエスチョンの積み重ねで行われます。クローズドクエスチョンは手早く聞きたいことを聞けるのですが、その反面、相手は言いたいことが自由に言えず、本音が隠れやすくなります。

これでは部下の本音が聞けないばかりか、必要な情報も入ってきません。

②オープンクエスチョン

できるリーダーは、オープンクエスチョンを多用します。さらに、相手が話したいことが自由に話せるように、抽象度を高めます。

【例1】

・リーダー「この仕事はどれくらいやっていますか？」

・部下「ええと、どれくらいというと、今の事業部に来てからだと3年くらいになりますね。入社してからだと8年ですが」

【例2】

・リーダー「この仕事で必要な要素はどんなことだと思いますか？」

・部下「そうですね、いろいろあると思いますが、ひとつめは……」

【例3】

・リーダー「この仕事をするときにはこういった失敗が多いようだけど、○○君はどうですか？」

・部下「えーと、そうですね。その失敗をしないように気をつけてはいますけど、ちょっとやりにくいというのは確かにありますね。ちょっとこの仕事には、根本的な改善が必要だと思いますけど」

・リーダー「なるほど、例えばどんな改善が必要かな？」

・部下「そうですね、ひとつめは……」

このようにオープンクエスチョンを使いこなすと、どんどん相手が話してくれるようになります。

クローズドクエスチョンは、聞きたい答えをすぐに言わせるという利点がありますが、その背景にある考え方や不満などが埋もれてしまいがちになります。

ですが、よりよいマネジメントのためには、相手を深く理解することが欠かせないものになります。

5つの深掘り質問

本音を引き出すには、さらに深掘りするテクニックが必要です。そこで、カウンセリングやコーチングで使われている効果的なキーワードをいくつかお伝えしましょう。

①「具体的には？」

抽象度が高い答えが返ってきたら、抽象度を下げるための質問をします。

・部下「根本的な改善が必要だと思います」
・リーダー「なるほど、具体的には、どんな改善が考えられますか？」

②「他には？」

他の可能性を見つけるために視野を広げて、多角的な視点から物事を捉えることを促します。

・部下「最低2人がチェックして、体制を強化したらいいと思います」

・リーダー「そうだな、そうしよう。他にも考えるべき点はありますか？」

③「もし～だったら？」

仮定の状況を設定して、思考を促します。

「もし違う方法を選んでいたら、どうなっていましたか？」

「もし時間が十分にあったら、どうしますか？」

④「気持ちは？」

本音を聞くうえで、気持ちや感情に焦点を当てる質問は不可欠です。動機や行動を理解するためには、感情を理解しましょう。

「その行動を取ると決めたときには、どのような気持ちでしたか？」

「どんな不安がありましたか？」

⑤「どんな理由で？」

物事の理由や原因を深く掘り下げるときに使います。

「そう考えたのは、どんな理由でしたか？」

「この方法を選んだのは、どんな理由でしたか？」

「うまくいかなかった理由は、どんなことが考えられますか？」


ただし、理由を掘り下げるうえで、使ってはいけない言葉があります。「なぜ？」です。


「なぜ、失敗したの？」

「なぜ、これをやったの？」

「なぜ、やらなかったの？」


このように、「なぜ？」を使うことで、相手は防御姿勢に入ってしまうため、言い訳しか引き出せなくなります。これは、子どものころに、「宿題をやらなかったのはなぜなの！」などと母親に叱られて、「なぜ？」という質問には、トラウマを持っている人が多いからです。「なぜ？」と言いたくなったら、「どんな理由で？」と言い換えることを習慣づけていきましょう。

できるリーダーは5つの感情を聞く

心理学では、感情を5つに分類します。
プラスの感情は、「喜び」のひとつだけです。
マイナスの感情は、4つあります。

・プラスの感情：「喜び」
・マイナスの感情：「悲しみ」「怒り」「不安」「苦しみ」

これらの感情をしっかりつかむと、延々と続く苦労話や自慢話も、一気に短くなります。

共感してほしいポイントを、あなたに受け止めてもらったと感じれば、長話の必要もなくなるからです。

・こんなに苦労している自分をわかってほしい
・悲しみを癒やしてほしい
・怒りをわかってほしい
・不安を聞いてほしい
・苦しんでいることを知ってほしい

以上のような感情をわかってほしいのです。

失敗する人は、相手の話を額面通りに受け取ります。だから、やり方やノウハウなど、理論的に処理してしまい、余計な怒りを買ってしまいます。

うまくいくリーダーは、相手の話から、

「どんなことを言いたいのか？」

ではなく、

「どんな感情をわかってほしいんだろう？」

という視点で話を聞きます。

相手の裏の感情を読み取る意識が、スムーズなコミュニケーションをつくり出します。

リーダーが常に考えるべきことは、

「どんなことを言いたいのか」ではなく、

「どんな感情を伝えたいのか？」

相手の感情に意識を向けるのが成功の秘訣です。

最大の社会貢献

あなた自身が成果を出していくのも社会貢献です。

ですが、世の中への最大の社会貢献は、次世代のリーダーの育成だと私は考えています。

こんなエピソードをご存じでしょうか？


「貧しい人がいた。釣った魚を与えるのか。それとも釣り方を教えるのか？

釣った魚をもらったら、飢えをしのげるのはその1日だけとのこと。

でも、釣り方を教えてもらったら、一生魚には困らない」

それと同じで、次世代のリーダーに、リーダーシップのスキルを伝えましょう。リーダーシップスキルは、生まれつきのものではなく、学習と実践を通じて開発することができます。

真のリーダーシップは、肩書きや権限ではありません。他者に影響を与え、導く能力から生まれます。

それはビジョンの共有、信頼関係の構築、変革の推進など、多様な要素から成り立っています。現代の複雑で変化の激しいビジネス環境において、組織のあらゆるレベルでリーダーシップを発揮できる人材が求められています。

リーダーシップスキルの開発に取り組むことで、個人としての成長だけでなく、組織発展にも貢献することができるのです。

そのスキルを、この本でしっかりと学んでいただくことで、次世代のリーダーが次々と生まれていくとしたら、人類への大きな社会貢献につながるでしょう。

できるリーダーは、「話して」「放して」「離す」

リーダーは部下からさまざまな悩みを相談されることがあります。

技術的な相談なら、アドバイスや解決策を提示すれば解決へと導けます。しかし、心理的な悩みの相談ではそうはいきません。アドバイスや解決策を提示するのは、逆効果になることがあります。

心理的な悩みの相談を受けたなら、その悩みを「離して」あげましょう。「悩みを離す」と言われてもピンとこない人のほうが多いと思います。

そこで具体的に解説しましょう。

例えば、部下から「最近、プレゼンで失敗してしまって、やっていける自信がないです」と相談された場合、あなたはどう対応しますか?

「あ～、それなら大丈夫。オレも若いころは、プレゼンが下手でさ、お前は何を言っているのかよくわからないと、リーダーからよく怒られたもんだよ。でもさ、1週間考え抜いて構成を練ったパワポで臨んだら、優秀賞をもらったんだよ」

このように、うまくいかないリーダーほど、アドバイスをしたり、自分の話にすり替えたりして、武勇伝などを語り出したりします。

二流のリーダーだとこんな具合です。

「そうなんだ。でも大丈夫だよ、プレゼンの構成とか話し方は、トレーニング次第だからさ。プレゼンのうまいAさんに教えてもらったらどうかな。まあでも、君はまだ1年目なのによくやってるよ！　自信を持ってよ！　ね！」

このように前向きな言葉で励ましたりします。

自慢話にならないだけいいのですが、実は部下の気持ちは置き去りです。

では、一流のリーダーならどういった対応をするのでしょう？

・部下「最近、プレゼンで失敗してしまって、やっていける自信がないです」
・リーダー「そうなのか、そんなに悩んでいたのか……（沈黙）」
・部下「そうなんです……、実は同期が大活躍しているのを見てると、僕ってこの仕事が向いていないのかなと……」
・リーダー「向いてない？」
・部下「はい、話すのも下手だし……」

そうです。一流は、自分語りをしたり、安易に励ましたりということはしません。

まずは、相手の話を聞きます。

余計なことを言わずに、感情や気持ちを、しっかりと受け止めます。

人が誰かに悩み事を打ち明けるときというのは、心のバケツに泥水がギリギリまで入っている状態です。一流は、バケツの中の泥水を少しずつすくい取って、キレイな水が入るようにします。つまり、溜まっているネガティブな感情を吐き出したら、そのネガティブな感情をそのまま受け止めて共感することに徹します。

カウンセリングの現場でも、「死にたい」「生きていてもしょうがない」と言っていたクライアントが、アドバイスも励ましもせず、話を聞いて共感するだけで、「もう少しがんばってみようかな……」と前に歩きはじめる瞬間を、何度も目の当たりにしてきました。

悩みを「話す」は、悩みを「放す」ことでもあり、悩みを「離す」ことでもあるのです。

悩み相談を受けた際は、相手がネガティブな感情をきちんと放して、離せるように、アドバイスせずに話を聞くことが何より大切です。

一流のリーダーは、話して、放して、離すことの大事さを知っています。

できるリーダーは五感を使いこなす

私は売れない営業担当だったころ、ほんの数日間のＮＬＰ心理学講座に参加しただけで、いきなり全国４５０人中トップ営業に変貌するという体験をしました。

そのＮＬＰ心理学で最初に学んで衝撃を受けたのは、五感の使い方です。五感の使い方次第で、相手の脳内へのイメージの与え方が劇的に変わることを学びました。そのシステムについて紹介したいと思います。

まずは改めて五感とは何かを説明しましょう。

・視覚・・・Ｖｉｓｕａｌ
・聴覚・・・Ａｕｄｉｔｏｒｙ
・触覚・・・Ｋｉｎｅｓｔｈｅｔｉｃ
・嗅覚・・・Ｏｌｆａｃｔｏｒｙ

・味覚・・・Ｇｕｓｔａｔｏｒｙ

英語の頭文字で、視覚は「Ｖ」。聴覚は「Ａ」。触覚、嗅覚、味覚の３つは、どれも直接身体に接触するものなので、まとめて身体感覚と呼び、英語にすると触覚と同じくＫｉｎｅｓｔｈｅｔｉｃとなるため頭文字は「Ｋ」です。

つまり五感を大きく分類すると、視覚（Ｖ）、聴覚（Ａ）、身体感覚（Ｋ）となり、この３つの頭文字をまとめてＶＡＫと呼びます。

ここでＶＡＫチェックをしてみましょう。海といえば、何をイメージしますか？

①「青い海、白い砂浜、大きな雲」
②「海辺で遊ぶ人たちの声、ザザーッと岩に打ちつける波の音」
③「潮の匂い、裸足で感じる砂のやわらかさ」

次に、あなたは服を買うときに、どんな基準で選びますか？

①デザインの美しさ、かっこよさ、色の組み合わせ
②保温性や通気性などの機能性、洗濯方法

③触り心地、着心地

それぞれ3つの中で、どれを選びましたか？

・①を多く選んだ人は↓視覚タイプ

・②を多く選んだ人は↓聴覚タイプ

・③を多く選んだ人は↓身体感覚タイプ

となります。人を動かす話ができるリーダーは、この3つのタイプの言語を使いこなします。やる気を上げたり、失わせるということは、脳内のイメージによって支配されています。

「イメージ」というと、多くの人は「視覚イメージだけのこと」だと誤解しています。

ですが、イメージには視覚イメージだけでなく、聴覚イメージ、身体感覚イメージの3つのタイプがあることを知っておきましょう。

感覚タイプの違いが不幸をつくる

感覚タイプが違うと、まったく違う言語を使う、違う国に住んでいるのと同じような状態になります。

お互い日本語を使っているので、意図が伝わっていると思いがちですが、実はここに大きな間違いがあります。

・リーダー「A子さん、ちょっといいかな。あのプロジェクトの進捗を教えてほしいんだけど」
・部下「はい、いい感じで進んでます！ 手応えバッチリですよ！」
・リーダー「いい感じとか、手応えとかじゃなくて、何がどれくらいの進捗なんだ？」
・部下「はい、関係各所には強めにプッシュしてきましたので、だいぶ進んでますよ」

・リーダー「うーん、君の話はよく見えないな！　具体的に数字などで見える結果を聞きたいんだが」

これは、部下が身体感覚タイプで、リーダーが視覚タイプのケースです。

身体感覚タイプの人は、「こんな感じ」「あんな感じ」と、「感じ」という言葉を多用して、感覚を重視する傾向にあります。ですが、それだと視覚タイプや聴覚タイプの人には何も言っていないことと同じです。言っている内容が抽象的すぎて、具体的に何をどうすればいいのかがまったく理解できません。

感覚的な表現や指示は、解釈が人それぞれで変化しやすく認識のズレを生みやすくしてしまいます。

逆に身体感覚タイプにとっては、理論やデータを並べられても逆に伝えたい意図がイメージしにくくなることがあります。身体の感覚が変わるような提案でなければ、しっかり伝わらないことがあるのです。このように、感覚タイプが違うと、日本人同士でも違う国の人と会話をしているような状態になるのです。ちなみにこれらのタイプは、生まれつきの部分よりも後天的な要素が大きいと言われます。

デザインや色を気にするデザインの仕事に就くと、視覚が磨かれます。正確な言葉や話し方を意識する営業や司会の仕事なら、聴覚が磨かれます。感性を重視される環境なら、身体感覚が磨かれます。

できるリーダーは、3種類のどの感覚の人にも伝わるような言語能力を持つ必要があります。その感覚を磨くためにも、視覚、聴覚、身体感覚の言葉の一覧を読み込んでボキャブラリーを増やしていきましょう。

できるリーダーは視覚イメージを使いこなす

視覚タイプは、聞き手の心に「絵」を描くことが得意です。このタイプの人には、視覚的な言葉を使ってリアルな視覚イメージを与えることが必要になります。

【視覚タイプの特徴】

・早口で話す
・話がよく飛ぶ
・視線は上方に向きがち
・身なりはきちんとしている
・整理整頓を心がけている
・物を記憶するときには絵にして覚える

・周りの音に気持ちを乱されにくい
・言葉で出される指示を覚えにくい

このように視覚タイプは、脳内で絵を見て思考するため、早口で話す人が多くいます。
また、脳内の絵が入れ替わったとたんに、脈絡もなく話が飛ぶなどということもよくあります。視覚タイプの人は見た目を重視しているため、おしゃれで髪型や服装にもこだわりが行き届いている人が多くいます。

【視覚に関連する言葉】

・（見）見える、見つめる、見通す、下見、見解、見晴らし、見張る、先見の明
・（目）注目する、目に余る、見る目がある、一目瞭然
・（視）視点、視野、視る、視力、視察、視界、監視、注視、無視、視聴
・（観）楽観、悲観、観察する、観光、観測、観賞、観念、観点
・（面）場面、側面、表面的、面倒、面白い、面影、多面的、面子
・（明）明確、明細、明快、明暗、明白、明瞭、まばゆい、透明性、くっきり、明るい、

明らかにする

・（暗）暗示、暗闇、暗黒、暗い、かすんだ

・（広・拡）広大、広告、広まる、広義、拡散、拡張、広い視野、拡大解釈

・（白と黒）白紙撤回、白黒つける、空白、腹の中が真っ黒、黒字、黒歴史

・（赤と青）赤字、顔が真っ赤、赤っ恥、顔が真っ青、青二才、青天の霹靂

・（その他の色）金の卵、色がついている、その件はグレー

・（イメージ系）イメージする、想像する、描写する、絵を描く、心に描く

・（その他）フォーカス、焦点、ピンポイント、暴露する、展望、ひらめき

【視覚タイプの人への言葉がけ例】

「君が目標を達成する見通しは十分についている。君は注目されている。だから成果を上げたら、評価をされるのも一目瞭然だ。輝かしい未来にフォーカスを当ててイメージしてごらん。展望が見えるだろ。未来は明るいぞ！」

視覚タイプには、このように視覚的な言葉を使って、相手の脳の中に映像イメージをつくることが必要です。こうすることで、より一層やる気アップにつながります。

できるリーダーは聴覚イメージを使いこなす

視覚タイプの特徴に比べると、聴覚タイプの特徴は大きく変わります。

【聴覚タイプの特徴】

・目を左右によく動かす
・言葉を大切にする
・理論的である
・雑音があると集中できない
・言葉で伝えられたことを、そのまま繰り返すことが容易にできる
・聴いて学習することが得意
・音楽を聴くのが好き

・電話で話したりすることが好き
・音に関する言葉で表現する
・話し方は落ち着いている
・数字やデータで分析するのが得意

アナウンサー、営業職、講師業、著述業など、口にする言葉や書く言葉に対して、人並み以上に敏感な仕事をしている人たちは、聴覚タイプの方が多いです。
また、聴覚タイプの人たちには、次のような聴覚的な言葉を使うことで、よりイメージが伝わりやすくなります。

【聴覚に関連する言葉】

・(話) 話術、談話、会話、対話、独話、電話、懇話、通話、茶話、訓話、逸話、閑話、実話、秘話、童話、夜話、神話、民話、寓話、話題
・(聞) 見聞、伝聞、内聞、聴聞、前代未聞、旧聞、醜聞、異聞、艶聞
・(聴) 聴覚、聴聞、聴取、聴講、聴衆、視聴、拝聴、傍聴、傾聴、静聴、盗聴、難聴

・(言) 言語、言行、言下、言外、言質、巧言、失言、放言、宣言、格言、金言、方言、甘言、極言、苦言、広言、助言、提言、暴言、名言、遺言、伝言、真言、言語道断
・(評) 評価、評議、評者、評定、評伝、評判、評論、講評、酷評、寸評、総評、批評、品評、論評、悪評、好評、定評、不評、風評、下馬評、うわさ
・(論) 持論、異論、正論、公論、世論、教育論、理論、論点、論じる
・(調) 口調、単調な、調和、強調、調子を合わせる、ハーモニー
・(鳴) 鳴る、共鳴する、怒鳴る、鳴り響く
・(黙) 黙る、沈黙、寡黙、黙して語らず

【聴覚タイプの人への言葉がけ例】

「君の話術は素晴らしいという評判で話題になっているぞ。口調がやさしいし、伝えたい理論もはっきりしていて心に響く話ができる人だねと、もっぱらのうわさだ」

聴覚タイプは、話や聞こえる声、言葉、音に敏感です。

一覧に掲載されている言葉を使いこなすことで、聴覚タイプの部下に伝わる指示がしやすくなるでしょう。

身体感覚タイプとの向き合い方

前述したように視覚、聴覚、触覚、嗅覚、味覚の五感のうち、触覚、嗅覚、味覚の3つは、いずれも直接身体に関わるものです。なので、この3つをまとめて「身体感覚」と呼びます。

【身体感覚タイプの特徴】

- 視線は下方に向きやすい
- 動くスピードはゆっくり
- 具体的に感触や触れ合いに反応しやすい
- 視覚タイプの人よりも、パーソナル空間が狭い
- 書くことで手を動かして物を覚えるのが得意

・声のトーンは低めで、落ち着いた話し方をする
・感じながら話すので、話すスピードはゆっくり
・早口でたくさん話されると、情報処理がついていかないことがある

身体感覚タイプの人は、見たものや音を言語化する能力よりも、感覚を優先します。そのため他のタイプに比べると、話すスピードが遅かったり、動きのスピードもゆっくりだったりします。

また、感性が豊かなので、理論よりも感情を大事にする傾向が強くあります。

私の約20年の講師経験でいうと、女性は圧倒的に身体感覚タイプの方が多いです。


【身体感覚に関連する言葉】

・（触覚）触る、扱う、接触させる、押す、擦る、堅い、温かい、冷たい、粗い、捕まえる、圧力、敏感な、歪み、手応えのある、緊張、感触、固まった、柔らかい、つかむ、握る、つくる、堅固な、重い、滑らか、苦しむ、感じる、把握する、頭に入れる、腑に落ちる、取り上げる、やりとりする、踏まえる、行動する、進歩する、実演、実感、警戒、

バランス、手探り、姿勢、プレッシャー、我慢、手がかり
・(嗅覚) 香り、におう、悪臭、芳香
・(味覚) 苦い、酸っぱい、しょっぱい、甘い、おいしい、ほわっと、まったりとした味わい

【身体感覚タイプの人への言葉がけ例】

「君の目標達成は、行動ができていて進歩が見えるから、手応えがあるな。結構いい感じでやれている実感がある。そのまま押して、結果をぜひつかみ取ってほしい。その姿勢でプレッシャーも押し返してがんばってほしい」

以上のような身体感覚の言葉を使いこなしていくと、身体感覚の人の心をつかみやすくなります。

できるリーダーは言葉のペーシングを使いこなす

組織内でリーダーとして信頼してもらうには、波長合わせが不可欠です。
そのためにペーシングという技を使うのですが、大きく3つの方法に分類されます。

①言葉のペーシング
②声のペーシング
③ボディーランゲージのペーシング

この3つのペーシングを使いこなせるようになれば、どんな人でも波長を合わせることができるようになります。短時間で親密な関係をつくることが可能になります。まずは、言葉のペーシングから説明しましょう。

①言葉のペーシング

相手に波長を合わせる場合、２つの方法があります。

「言葉のバックトラック」と「意味のバックトラック」です。

「言葉のバックトラック」は、相手の言葉をそのままオウム返しすることです。

「意味のバックトラック」は、相手の発言の意図を汲み取って、返すことをいいます。

A【言葉のバックトラック】

・私 「この前さ、家族でスカイツリーに行ってきたんだよ」

・友人「へえ、スカイツリーに行ったんだ」

B【意味のバックトラック】

・私 「この前さ、家族でスカイツリーに行ってきたんだよ」

・友人「おお、今の時期は、すごく混んでたでしょ？　家族でよく行くねえ」

あなたは、どちらのリアクションのほうがいいと思いましたか？

この質問も、セミナーで何度したのか数え切れないくらいですが、Bの意味のバックトラックを選ぶ方がかなり多くいます。

ブロッキングだらけで話を聞けない人

もしもあなたがBを選んだとしたら、残念ながら「人の話を聞けない人」に認定です。
理由はなんだと思いますか？
なぜBを選ぶと、話を聞けない人に認定されるのでしょうか。
それは、ブロッキングをしてしまうからです。

・相手が何を言いたいのかを先読みしてしまう。
・勝手に決めつけてしまう。
・推測や憶測のリアクションをしてしまう。

こういったことを、ブロッキングと呼びます。

簡単にいうと、相手には話したいことがあるのに、わざわざ壁をつくって邪魔をしているのです。

もしブロッキングがなかったとしたら、私は次のような話をしたかったのです。

「この前さ、家族でスカイツリーに行ってきたんだよ。展望台が素晴らしい景色でさ！富士山が見えたのは感動したなあ！」

このように景色に感動した話をしようと思ったら、まさかの混雑の話。しかも、「家族でよく行くねえ」というネガティブな反応。

私は話す気力が一気に奪われてしまい、その話を続けるのをやめてしまいました。

友人との雑談でさえ、話す気力が奪われるくらいです。上司と部下の関係なら、コミュニケーションが途切れるのも当然です。

オウム返しが最も無難

話の邪魔をしないようにするには、相槌の言葉だけで返すのが最も無難です。相槌の言葉は、「ハ行」や「ア行」が使いやすいです。

「はい」「ふうーん」「へえー」「ほおー」「あー」「うん」「えー」「おー」。

あるいは、「そうなんだ」「そうですか」「なるほど」。

ただ、すべてのリアクションが、相槌の言葉だけだと、話をきちんと聞いてくれている感じが薄まります。

ときどき、「言葉のバックトラック」を入れましょう。

この聞き方は、間違いなくクリーンヒットが打てる方法です。

営業職の方の中には、言い換えたり、何かひと言付け加えたりするのが習慣になっていて、相手の邪魔をしないで話を聞くことができない方が多くいます。

・「この前さ、家族でスカイツリーに行ってきたんですよ」
・「おお、今の時期は、すごく混んでたでしょ？　家族でよく行くねえ」
・「そうなんですよ！　ほんとに大混雑で、家族で行くもんじゃないですね」

確かに、こんなリアクションが得られたら「してやったり！」という気分が味わえるでしょう。ですが、これは大振りしたバットに、たまたまボールが当たってホームランになってしまった状態です。一か八かで自分の意見を差し込んで、ホームランになるケースはとても少ないのが現状です。基本の会話ではホームランを狙って、大振りするのではなく、確実にヒットを狙っていきましょう。

相手が話している間は、リーダーであるなら、言いたいことや思いついたことは、グッとこらえてください。相手が何を伝えたいのか、その全容が明確になるまでは、自分の意見やアイデアを差し込むのを控えて、ひたすら相槌を打ちましょう。

そしてときおり、相手の言葉をそのまま返すことを習慣にしていけば、あなたは素晴らしく話を聞けるリーダーになっていくでしょう。

できるリーダーは相手の声を3種類聞き分ける

リーダーとしてマスターしておきたいもうひとつのペーシングが声の使い方です。声の要素には4種類あります。

①声のテンポ
②声の大きさ
③声の高さ

この3つを相手に合わせると、安心感を与えて、とても好感を持ってもらえます。相手の話し方を観察すると、この3つの声要素の組み合わせで、人の話し方に個性が生まれていることがわかります。

声のテンポを観察すると、早口で話す人、ミドルテンポで話す人、ゆっくりと話す人に分類できます。

早口で話す人には、早口でテンポよく相槌を打つ必要があります。

「はいっ！」「ええ！」「そうなんですよね！」

オウム返しも相手と同じテンポで返します。早口の人にゆっくりとした口調で返すと、

「なんかこの人、わかっているのかな？　ちょっと理解するのに時間がかかる人なのかな」

と感じさせてしまいます。

逆にゆっくりと話す人に対して、早口で返事をすると、

「なんか早とちりしているみたいだ。せっかちだ。急かされてる」

と感じさせてしまいます。

また、声の音量が違うと、逆ペーシングになり、親密さが損なわれていきます。

営業の世界では、元気で明るい話し方をする人が売れるのかというと、意外とそうではありません。「元気」というのは、大きな声で、テンポよくハキハキと話すということです。

でもお客さまが初対面の営業担当の相手に、大きな声で、テンポよくハキハキと話すかといえば違います。売り込まれるのを警戒して、ボソボソとゆっくりと話す人がほとんどです。それにもかかわらず、大きな声で話すと、押しつけがましい印象を与えてしまいます。

できるリーダーは、相手と同じテンポ、同じ音量で話します。ボソボソと話す人にはボソボソと。ハキハキと大声で話す人には大きな声で、相手の声のボリュームをしっかり聞いて、相槌を打つときやオウム返しをするときの声の大きさをコントロールします。

さらに、声の高さも重要です。相手が落ち着いた低音で話しているのに、相手に高い声で返されたら、なにかからかわれている感じがします。逆に明るく高い声で話しているのに、低い声で返されると、「テンションが低い人だな」となります。

できるリーダーは常に、相手の声をしっかり聞きます。そして、一瞬で声の使い方を相手に合わせているのです。

話を聞くときは、どこに視線を向ければいいのか？

3つめのペーシングであるボディーランゲージには、たくさんの要素がありますが、視線もそのひとつです。

インターネットの普及とともに、相手の目を見て話すことを重要視しない人が増えているように思います。学生時代に親と会話をするときには、目を見ないで返事をするだけでよかったかもしれません。でも、そのまま社会に出て、人と目を合わせずに会話をすると、コミュ障だとか社会性が低い人と判断されます。

幼稚園や小学校では、先生が子どもと話す際に膝をついたり腰をかがめたりして話を聞いている姿をよく目にします。自分より身長が低い相手に対しては、腰をかがめるなどして視線の高さを合わせることで、話しやすい状況にしているのです。

心理学では視線のペーシングと呼びますが、相手との信頼関係を築くために、視線の高さを合わせるのも重要です。

部下が相談をしてくれないと嘆くリーダーは、視線を合わせることがおろそかになっているかもしれません。象徴的なのは、リーダーが椅子に座って、部下は立ったままで報告をするシーンです。このような関係が、心の距離を生み出しているのです。

心の距離が離れていると、部下が本音を言わなかったり、隠し事をしたりすることが多くなります。相手の話を聞く際は、目を見て話すだけでなく、視線の高さを合わせることにも配慮しましょう。

また、会話をしている中で視線を奪うツールの代表格といえるのがスマホです。

よく、テーブルに置きっぱなしで会話する人を見かけますが、スマホが光ったり振動したりすると、自分だけでなく相手の気も散ってしまいます。相手との信頼関係を築きたいのなら、スマホはカバンの中などにしまっておくといいでしょう。

できるリーダーはスマホをテーブルに置いたままでは会話しません。相手と目を合わせて、視線の高さを合わせ、相手の話に集中します。そのような聞き方をすることで信頼関係が築かれることを、一流のリーダーほど理解しているのです。

できるリーダーは姿勢のペーシングを使いこなす

ボディーランゲージのペーシングとは、相手の体の動きや表情を真似ることをいいます。相手と同じ体の使い方をすることで、自然に相手との信頼関係が築かれます。

多くの人は自分が楽な姿勢で相手の話を聞きます。

足を組んだり、手を組んだり、肘をついたりして聞くこともあるでしょう。相手の姿勢には注意を向けず、自分が楽な姿勢で聞くことは、相手とのつながりを自ら断ち切っていることになります。これは無意識にしてしまっていることが多く、自分では気づきにくいものです。相手からすれば、何か話しにくさを感じたり、波長が合わないと感じたりします。

中級の営業担当者ともなると、相手に失礼がないよう、自分の姿勢に注意を払いながら相手の話を聞きます。

多くの人のように足や腕を組んだり、肘をついたりなどはしません。

背筋をピンと伸ばし、礼儀正しい姿勢を取ることで、相手に「失礼な人だな」と思われることのないように聞きます。

しかし、これでは相手と共通点をつくる聞き方にはなりません。


できるリーダーは、相手の姿勢に合わせた状態で話を聞きます。

相手が椅子に深く座っているなら、自分も深く座ります。

浅く座っているなら、自分も浅く座ります。

相手が前かがみの姿勢なら、背筋をピンと伸ばすのをやめて、自分も背筋を曲げて前かがみになって聞きます。相手が背筋をピンと伸ばして胸を張っていれば、自分も背筋をピンと伸ばして胸を張ります。


新人研修やマナー研修などでは、「背筋を伸ばして話を聞きましょう」と教えられます。

確かに、背筋を伸ばすと、さわやかで美しく見えます。

ですが、前かがみであまり姿勢のよくない人からすれば、背筋をピンと伸ばして堂々とした人が相手だと、「礼儀正しそうな人だけど、なんだか堅苦しい感じがするなあ」と感じてしまいます。

すると、「違う世界の人だから、自分をきちんと受け入れてもらえない気がする」と思われる可能性が高くなります。


できるリーダーは、相手を一目見て、姿勢のペーシングをします。姿勢が同じだと信頼関係は短時間で構築されます。ですから、同じ姿勢を意識しましょう。相手に姿勢を合わせて聞くと、相手からの信頼感が一気に高まります。

また、姿勢を合わせると、不思議なことに相手の心情がより深く理解できるようになり、共感力が高まります。身体の波長が合うと、心の波長まで合うようになります。

呼吸のペーシング

30種類以上あるペーシングの技術の中で、最強のペーシングがあります。

それは「呼吸のペーシング」です。

相手の呼吸を読み、相手の呼吸に合わせることで、深いレベルでの共感が生まれます。

「あの人とは、なんだか不思議と息が合う」

この言葉は物理的にも、とても正しいのです。

ですが、呼吸を合わせるのは難易度が高い方法です。数時間のトレーニングではなかなか身につかないというのが実情です。

私自身、数か月のトレーニングで、ようやく合わせることができるようになったかなという状態でした。

30年前にペーシングスキルを学んだ直後に、さっそく後輩を集めてトレーニングをしたときにも、「呼吸を合わせるなんて、そんなのわからないですよ」と言われました。

それで、よい方法がないかと試行錯誤しているうちに、すごい技を発見しました。

アゴの動きを合わせるのです。

最強！　アゴのペーシング

相手がうなずくときのアゴの動きのリズムや深さに合わせて自分もうなずくと、呼吸が合っていくのです。

私はこれを「アゴのペーシング」と名付けました。

ここまでいろんなペーシングを紹介しましたが、アゴのペーシングは最強です。ですから、「またか！」と言われるのを承知のうえで、私の過去30冊以上の書籍では毎回必ず紹介してきました。

・相手が細かくアゴを動かしながら話していたら、自分も細かくうなずきながら聞く
・相手が大きくアゴを動かして話すタイプなら、自分も大きくうなずきながら聞く
・相手が沈黙したら、アゴの動きや、姿勢を一致させることだけに注意を傾けて、次の言葉を待つ
・相手が沈黙して、体の動きを止めたら、こちらも静止して、動きはじめるのをじっと

待つ

このように、アゴの動きを中心にして身体の動きを一致させていくと、お互いに沈黙になったとしても、安心して、ベラベラとしゃべってくれるようになります。

もちろん、聞いている間は、ずっと相手と視線を合わせたままです。

視線を合わせつつ、アゴの動きを観察して、同じリズム、同じ深さ、同じ動きをしていくことで、一体感が生まれて、深いレベルでつながる感覚を感じることができるようになります。

アゴの動きのリズムが合っていくと、呼吸も自然と一致していきます。さらなる効果として、話すテンポも自然に合っていきます。

アゴのペーシングの威力は絶大です。

ペーシングがうまくいくと、相手が話すときの身振り手振りが大きくなります。

以前、「3件契約しても1件はクーリングオフになってしまう」という悩みを持つ生命保険外交員の女性が、セミナーに参加したことがあります。

その女性にこのトレーニングを練習してもらったところ、すごい効果が出ました。

1年後にお話をお聞きしたら、セミナーで学んで以来、クーリングオフが1件もなくなったそうです。

そればかりか、関東で800人ほどいる中で営業成績2位になったというではありませんか。

「アゴのペーシングは、私の人生を変えてくれました。1年経った今でも、とにかく意識してやっています」というメッセージまでいただきました。

この言葉は、私の講師人生の中でも、とても勇気を与えてくれました。

あなたも部下の心をつかむために、取り入れて使いこなしていくと、人生が変わるかもしれません。

沈黙スキルは、本音を深掘りするのに必須

ここまでのさまざまな質問を駆使しても、相手が本音をなかなか出さない場合は、あなたが間を使わずにしゃべりすぎているかもしれません。相手の心を読むための技術で最も重要なのは、沈黙スキルです。

質問をしたら、相手が返答したので、間髪をいれず次の質問をした。

これだと、相手の深い情報まで行き着くことはできません。参考例を紹介しましょう。

【例】

・部下「なので、私はそのように判断しました」

・リーダー「そうか、一番の判断基準はどんなことだったのかな？」

・部下「やはり、リスクが大きいかなと思いまして」

・リーダー「リスク……？」
・部下「失敗したらまずいですから」
・リーダー「うん……」
・部下「ええと、はい、そうですね……やれる自信がなかったというのが本音だったかもしれません」
・リーダー「自信？」
・部下「はい、すいません。正直、準備不足で自信がなかったんです」
・リーダー「……」
・部下「今後、準備不足にならないように、気をつけます！」
・リーダー「そうか、そうしてくれると助かる。よろしく頼むよ」

このように、最小限のオウム返しをしたら、あとは相手が勝手にしゃべり出すというのが、最上級レベルのスキルです。

私がこのスキルを意識的に使えるようになったのは、200万円する自己啓発教材の営業をやっていたころです。入社後に初めて直属のリーダーの営業に同行したときのことです。お客さまと直属のリーダーの会話でこんなシーンに遭遇しました。

・リーダー「どのようなところに興味があって、今回、お話を聞いてみようと思われたのですか？」

・お客さま「はい、まあ、なんとなく」

お客さまは、当然ながらはぐらかします。それもそうです。本音を言おうものなら、すぐに売りつけられる恐れがあるので、最初から教材に興味があるなんて言うことはありません。

そこでリーダーは、いくつかの質問をして、ニーズの深掘りをしていきます。

・リーダー「みなさん、もっと成功したいとか、人間関係を豊かにしたいとか、収入を上げたいとか、いろんな理由で来られるのですが、特にどんなところにご興味をお持ちでしたか？」

・お客さま「人間関係ですかね」

・リーダー「人間関係……？」

リーダーはお客さまから答えが返ってきても、べらべらしゃべりません。最小限のオウム返しをして、うなずき、その後、目を見つめたまま沈黙して、次の言葉を待ちます。

ええ？　こんなに沈黙するの？　と、見ている私はハラハラしっぱなし。

10秒ほどすると、お客さまが口を開きました。

「実は、職場での人間関係がうまくいってなくて……」

お客さまは、今まで抱えてきたものが一気に噴き出したかのように、ご自身の悩みをしゃべりはじめました。

私はまた心の中でつぶやきました「私が商談するときには、お客さまが本音を漏らすまでに、何十分もかかるというのに、なんだこれは！」。

そのリーダーは、部下の私にもこの沈黙をよく使いました。

・リーダー「それで、目標を達成するにはどうやったらいいと思うの？」

・私「はい、がんばります」

がんばるという言葉でうやむやにしたい私に対して、リーダーは、沈黙したまま私の顔をじっと見ていました。しばらく沈黙の時間があり、私はついつい、弱音を吐いていきました。

・私「実は、ちょっとその目標は、私には厳しいなあという感じなんですよね……」
・リーダー「……」
まだ沈黙して、こちらの次の言葉を待っているようです。
・私「(うーん、こうなったら、本音を言うしかない)私の本音としましては……」

このようにして、本音をいつも引っ張り出されていました。
そのおかげで、私もお客さまに沈黙を使えるようになり、リーダーになったときも、部下に対して沈黙を使いこなすことで、本音を引き出すことができるようになりました。

では、どれくらいの時間の沈黙にチャレンジしたらいいのでしょう?

私の感覚としては、「5秒の沈黙」は常に使いこなしてほしいです。なぜなら普段、沈黙を意識して使えていない人は、2秒ですら沈黙することができないからです。

訓練を受けていない人は、1秒を超えたあたりで次の質問をしてしまうことがほとんどです。質問をした後は、5秒ほど沈黙をして、それでも返事がなかったら、次の質問をしましょう。すぐに回答がこないと後追い質問をしたくなりますが、それをグッとこらえて、5秒は待ちましょう。

重要な質問なら、5秒どころか、それこそ相手が口を開くまで待ち続けるのがコツです。コーチングやカウンセリングの現場では、沈黙して3分くらい待つこともよくあります。本人も気づいていなかった深い本音が出てきます。

質問と沈黙を使いこなしていくことで、次のようなことを言われるケースが増えるでしょう。

「こんなことを人に話すのは初めてなんだけど」

この言葉が出てきたら合格です。相手の懐に入れた証しでもあります。

相手の本音を聞きたいなら、5秒の沈黙を使いこなしましょう。

3章

リーダーに求められる「頼り方」の極意

リーダーに必要なアサーティブ・スキル

リーダーの大事な仕事は、「人に頼むこと」です。

部下に仕事を頼むのはもちろんメインの業務ですが、部下からの要望を吸い上げて上司に頼む必要もあります。

自分のチームを代表して、他のチームに頼み事をする場合もあるでしょう。

常に誰かに何かを頼むことが、リーダーの重要な業務です。

最近は、管理職への昇進を断る人が多いといわれます。

その理由として、責任を持ちたくないということと、人に頼むのが苦手ということも大きいのではないでしょうか。

頼むのが苦手な理由にはどんなことが考えられるかをまとめてみました。

頼むことへの恐怖

①拒絶の恐れ

頼み事を断られるということは、単純にお願いしたいことが実現できないというだけではありません。自分自身を否定されたように感じる人が多いです。断わられるのは「自分の価値が低いから」と感じてしまい、自己評価が低下してしまうことがあります。特に、完璧主義な傾向がある人や、自分に自信が持てない人ほど、この影響を受けやすいでしょう。

②関係性の悪化

頼み事を断られたら、相手との関係が悪化してしまうのではないか？　と不安に思う人もいます。

相手に好かれたい、認められたいという気持ちが強い人ほど、相手との関係性を気にする傾向があります。

③恥の文化

日本社会には他人からの評価を重視する「恥の文化」が根強くあります。

断られることによって「厚かましい人だと思われた」など、相手の評価を過剰に心配する傾向があります。

以上のようなことが原因で、人に気軽に頼み事をできない場合が多いようです。

アサーティブ・スキルを身につけよう

頼み事をするうえで大事なことは、自分の本心を伝えることです。本音を隠さず、自分をごまかさずに正直にお願いすることが、相手に動いてもらうための大前提です。

「アサーティブ」は直訳すると「断言する、断定的、断言的、自己主張する、自己表現する」という意味になります。

「アサーティブ」は、日本に導入された初期のころは「さわやかな自己主張」と訳されていました。ですが、「自己主張」という単語が嫌がられたせいなのか、なかなか広まりませんでした。そのため、最近の日本語訳では、「自分をごまかさずに自分も相手も尊重しながら、気持ちや感情を伝える手法」として紹介されることが多くなりました。

アサーティブ・スキルは、周囲に何かを頼むのが苦手な人や、自分の意見を口にするのが苦手な人にとって、とても重要なスキルです。

まずはアサーティブ・スキルの柱のひとつである「私たちの権利」を理解しておきましょう。

「人間には、ひとりひとりに自分の思ったことを言える基本的人権がある」というのが、アサーティブの基軸になっています。

この「私たちの権利」については、アサーティブ・コミュニケーションで有名なアン・ディクソンが書いた『第四の生き方』（柘植書房新社）で次の6つの権利が紹介されています。

「私たちの権利」

1：私には、賢くて能力のある対等な人間として、敬意を持って扱われる権利がある

2：私には、自分の感情を認め、それを表現する権利がある

3：私には、自分の意見と価値観を表明する権利がある
4：私には、間違う権利がある
5：私には、人の悩みの種を自分の責任にしなくてもよい権利がある
6：私には、周りの人からの評価に頼ることなく、人と接する権利がある

これら6つの権利は、自分はもちろんのこと、相手にも与えられている基本的な権利になります。

コミュニケーションをとるうえで重要なのが、6つの権利のひとつめに挙げられている「敬意を持って扱われる」ということです。

上司と部下との間で
「なんで頼んだ仕事をやらないんだ！」
「ちゃんと仕事を手伝えよ！」
こんな言い方をしていたとしたら、これは相手を尊重しないコミュニケーションになり

ます。

命令口調では、相手に対する敬意が見られません。

私の権利の2番目にあるように、あなたにはいかなるときでも、自分が認めた感情を表現する権利があります。

この例では、相手は頼んだ仕事をやってくれていなかったのですから、悲しい気持ちになるのは当然のことです。

「悲しい」と感じることは、人間の基本的な権利であり、感じたことを口にするのも人間の基本的な権利です。

「悲しいと感じるのはおかしい」と、批判されることではありません。

「あなたが悲しいと感じるのはおかしい」

こんな批判はありえません。あなたが感じてしまったことを消すのは不可能です。どんなふうに感じるのかは、人間の自由です。どんな感情でも、その感情を口にするのは人間の基本的な権利です。

意見や価値観を口にする権利もあります。

たとえ、それが相手にとって不都合な耳の痛いことだったとしても、それを口にする権利はあります。

しかし、発言に相手への敬意がなければ、コミュニケーションは成立しません。

「頼んだ仕事の進捗はどうなっているかな？　もし、まだ手をつけていないのなら、〇日までには完了してもらいたいのだけど、対応できるかな？」

「この部分の仕事が大変なので、手伝ってもらえるかな？」

「頼んだ仕事はいつまでに終えられる？」

というように、まず依頼時に何をいつまでにしてほしいのかを明確にし、それが守られなかったときに自分の感情を伝えます。

「信頼して頼んだので、ちゃんとやってもらえないと困るし、悲しいよ」

そして、

「なぜ、対応しきれなかったのか、どうすれば終わらせることができるのか教えてほしい」

と相手の立場や状況に敬意を持って接することで、自分の意見を主張しつつ、相手とのコミュニケーションを円滑にすることが可能になります。

間違った3つのコミュニケーション

この基本的人権をうまく使えていない状態のことを、「非アサーティブ・コミュニケーション」と呼びます。非アサーティブ・コミュニケーションには3つの種類があります。

【例1】

今日は、家族の誕生日です。定時に退社して、ケーキを買って帰る予定です。時計を見ると、あと30分で退社の時間です。ですが、このままでは仕事が終わりそうにありません。今日中にやらなければいけないことがまだまだ残っています。

誰かに頼むしかない。そこで、同僚のAさんの席を見ました。

①攻撃的なコミュニケーション（怒りをぶつける）

するとAさんは、大きなあくびをしているではありませんか。手持ち無沙汰のようで、仕事に取りかかっている様子もありません。なんだかムカついてきました。

「こっちはこんなに忙しいのに、何をチンタラと仕事をしているのだろう！」

その瞬間、怒りがいきなり沸点を超えました。

「Aさん、暇だったらオレの仕事を手伝ってくれよ！」と声を荒らげて言いました。

「なんだよ！　今、ようやく一段落ついたところだよ。こっちだって暇じゃないんだ！」

言い返されたことに、ますます腹が立ってきました（まったく、こっちの状況くらい見たらわかるだろうに、なんだアイツは！　どうやり込めてやろうか！）。

結局誰にも頼むことなく、ムカムカしながらひとりで作業を続けました。

②受動的なコミュニケーション（言いたいことを我慢する）

大事な日なのに、このままじゃ定時には仕事が終わらない。

同僚のAさんを見たら暇そうなので、手伝ってもらおうかとも思いました。でも、できない理由をあれこれ言い訳されたり、断られたりしたときのことを考えると、ちょっと憂うつで、面倒な気分になります。

いつも通り、「自分さえ我慢すればいいや」と、直接頼むのをやめました。

定時を過ぎたので他の人たちは全員帰っても、仕事が終わりません。

自分の要領の悪さや、自分の気の弱さを呪いながら、帰宅したときに家族に対してどんな言い訳をしようかと考えはじめました。

③作為的なコミュニケーション

仕事を定時に終わらせるには暇そうな同僚のAさんに手伝ってもらうのがベストなのですが、直接頼むのはプライドが許しません。

周りの人が気づいて声をかけてくれるのを待つことにしました。

時計をチラチラ見ながら、「ああ、忙しいなあ」と聞こえるようにつぶやきます。

それでも誰も気づく様子がありません。

さらに、「ああ、どうしよう、もう定時まで20分しかない」とひとりごとをつぶやきます。

それでも誰も反応してくれません。

そのうち、周りの人に対して腹が立ってきます。

「なんでオレだけ、こんなにたくさんの仕事を抱えなきゃいけないんだ」

つい嫌味を言ってしまいます。

「Aさん、ずいぶん暇そうだなあ。いつもマイペースでうらやましいよ」

「えっ？　暇なわけないだろうよ！　文句があるなら、仕事を振り分けた課長に言ってくれよ」

結果、相手を怒らせてしまうことに。でも、自分の中では、こっちも大変なんだよという気持ちが強くなっていきます。

不機嫌そうに仕事をしている様子を見て、周りは「触らぬ神に祟りなし」という状態です。それぞれ関わらないように退社していき、結局、残ったのは自分ひとりだけになりました。

この3つのパターンはどれも問題があります。

それぞれの問題点について解説しましょう。

ストレートに頼めない人たち

非アサーティブ・コミュニケーションには次の3つのパターンがあります。

①怒りまくるコミュニケーション

頼みたいことや言いたいことを、怒らないと言えない人がいます。

怒りの沸点が低くて、うまくいかないとすぐに怒りながら言う。するとと周りは言うことを聞いてくれるので、ますますこのパターンを使うという悪循環です。怒りを乗せたコミュニケーションは、幼少期に有効でした。それをそのまま今でも使ってしまうのは、気持ちを素直に伝える技術が足りないからです。相手を尊重しない子どもっぽいコミュニケーションです。

②我慢するコミュニケーション

「自分が我慢すればいいんだから」と言うのが口癖。

自分が伝えたいことを我慢して本当に言いたいことを押し殺してしまい、自分を攻撃しはじめます。

自分を尊重しない子どもっぽいコミュニケーションです。

③作為的なコミュニケーション

頼みたいこと、言いたいことをストレートに言えないが、嫌味を言ったり、遠回しに相手を攻撃してしまいます。頼んだほうも頼まれたほうもストレスだらけです。

自分も相手も尊重しない子どもっぽいコミュニケーションです。

リーダーこそマスターすべき「アサーティブ・コミュニケーション」

リーダーに必要なのは、これら3つの子どもっぽいコミュニケーションではなく、大人のコミュニケーションである、「アサーティブ・コミュニケーション」です。

【例1】 の事例もアサーティブ・コミュニケーションで対応すると次のようになります。

「Aさん、今日、家族が誕生日で早く帰りたいんだけど、仕事が終わりそうにないんだ。手伝ってくれると助かるんだけどどうかな？」

「ええっ、オレも今日、予定があってさ、早く帰りたいんだよ」

「そうかあ、それじゃあしょうがないか。少しでも手伝ってもらえたら助かるんだけど、全然無理？」

「全然というわけじゃないけど……」

「じゃ、1時間とか30分とかできる？」

「1時間は難しいけど、30分くらいなら手伝えるよ」

「おお！　ありがとう！　じゃあ、30分でいいから頼むよ！　いやー、ほんとに助かった！」


いかがですか？　依頼するほうの目的をクリアしながら、頼まれたほうも気持ちよく仕事をサポートできる状況になっています。

お互いの気持ちが晴れやかになる方向へ導くことが、大人の対応であり、アサーティブ・コミュニケーションなのです。

アサーティブ・コミュニケーションのポイント

アサーティブ・コミュニケーションが、他の3つのコミュニケーションと違うポイントは、①相手を責めないこと、②「自分は困っている」、③「そうしてくれると助かる」という、自分の思いや感情をストレートに伝えることです。

言い分や理由ではなく、「自分の思い」「自分の感情」を口にすることで、自分を尊重して、相手も尊重します。完全に断られたのではなく、少しでも譲歩してもらえる部分があれば、お互いの妥協案を2人で考えるのがアサーティブ・コミュニケーションです。

すぐに怒ってしまったり、我慢をして言いたいことをのみ込んでしまったり、作為的になってしまう人は、普段から自分の感情を感じないようにして生きている人です。ですから、自分の感情を素直に口にする前に、相手を傷つけるか、自分を傷つけてしまいます。

自分は今、どんな感情を持っているのか？

この自問自答をして、自分の感情を冷静に伝えるトレーニングを普段から意識してやっていきましょう。

拒否されても、気にしないこと

頼み事だけでなく、自分の意見を伝えても、相手が納得してくれない場合もあるでしょう。でも大事なのは、相手が納得するかどうかではありません。

アサーティブ・コミュニケーションの一番のポイントは、あなたが言いたいことを腹の中から出して、精神的な健康を保つことです。

たとえ言ったことを受け入れてもらえなくても、拒否されても、とにかく言いたいことをしっかり口に出すことが、心の健康のために最も重要なことです。

言いたいことを言わずに腹の中に溜めるから、精神的なストレスが溜まります。ストレスが許容量を超えると、人によってはウツになったりしてしまうのです。

言いたいことは、相手が納得しなくても、人に理解されなくても、しっかりと伝えることが、精神的な未完了をつくらず、健康的な人生を送る基本です。

頼むのがうまい人、人と争わずに物事を動かしていく人たちに共通するスキルですので、しっかり取り組んでいきましょう。

できるリーダーはI《アイ》メッセージを使いこなす

相手にしてほしいことがあるときに、あなたはどう伝えますか？

「毎日欠かさず日報を書いて出してくれよ」

「出社したら、あの作業をしっかりやってくれ」

「お客さまが来る前に、玄関をキレイに掃除しといてね」

普段、人にものを頼むときには、このような伝え方をしていらっしゃる方がほとんどでしょう。

「（あなたは）～しなさい」と伝えるやり方を、「ＹＯＵ（ユー）メッセージ」といいます。

常に「あなた」が主語になっている伝え方で、とても直接的な命令になります。

営業の場面なら、「買いなさい」とダイレクトに売り込みをしているようなものです。

このような頼み方だと、強い強制を相手に感じさせるので、抵抗、反発心、言い訳を引き出しやすくなってしまいます。しっかりお願いしたのに相手がなかなか動いてくれない場合は、相手に抵抗を生み出してしまっている可能性が高いといえます。

一方、できるリーダーは、次のような伝え方をします。

「毎日欠かさず日報書いて出してくるとうれしい」
「会社に出社したら、あの作業をしっかりやってくれたら助かる」
「お客さまが来る前に、玄関をキレイに掃除してくれるとありがたい」

このように

「(私は)～してくれたら助かる」
「(私は)～してくれるとありがたい」
「(私は)～されると困る」

というような伝え方を、「I(アイ)メッセージ」といいます。「私」が主語になっている伝え方です。

「I(アイ)メッセージ」の構造は、自分の考えや感想を述べているだけです。相手への命令や指示、強制のニュアンスは一切ありません。そのため、相手の反発心を招きにくくなり、すんなり言うことを聞いてもらえる確率が高まります。

部下への指示出しには「SMARTの法則」と「FASTの法則」を使え

マネジメント力で重要なのは、指示の出し方です。

マネジメント力の半分は指示の出し方が占めるといってもいいくらいです。

思いつきで指示を出していたら、部下のパフォーマンスを発揮させることはできません。

では、思いつきではない指示は、どのようなフレームワークを基に考えられているのでしょうか？　ここで、代表的な2つの法則によるフレームワークを紹介しましょう。

「SMARTの法則」

まず、最も有名なのが「SMARTの法則」です。これは1981年にコンサルタントのジョージ・T・ドラン氏が論文で提唱したもので、ビジネスを加速させる方法として活用されています。
「SMARTの法則」には5つの項目が設定されています。
①「Specific（具体的）」
②「Measurable（計測可能）」
③「Achievable（達成可能）」
④「Relevant（関連性）」
⑤「Time-bound（期限）」

これら5つの言葉の頭文字をとってSMARTになります。

①Specific（具体的）

例えば、「売上トップを獲得しよう」だと、具体的な目標が明らかではありません。ライバルの状況次第というのでは、具体的な行動を立てようがありません。

②Measurable（計測可能）

計測できない目標だと進捗状況が把握できません。「効率を上げる」というあいまいな状態では、前進できているのかどうかがわかりません。

「コミュニケーション力を上げたいんです」という悩み相談の場合でも同じです。計測可能な目標を設定しない限り、コミュニケーション力が上がったかどうかの判断ができません。何かしらの数字を設定するなどして可視化することで、計測可能な目標に変わります。

③Achievable（達成可能）

指示を与えるうえで、達成可能な目標であることも、大事な要素です。達成できない目標を設定すると、部下にとっては大きなストレスとなり、モチベーションを失わせてしまいます。

④Relevant（関連性）

メンバーの人生のビジョンと、会社のビジョンに関連した目標を設定しないと、メンバーのやる気にはつながりません。関連性のある目標を決めるには、メンバーがどのような人生を歩んでいきたいのかを聞く必要があります。メンバーの人生ビジョンと会社のビジョンの一致点を設定するのが、優れたマネジメントです。

⑤Time-bound（期限）

期限が明確でない目標は、永遠に達成されません。あなたが読んでいるこの書籍も、もし私に期限が与えられていなかったら、きっと世の中に出ていなかったでしょう。何度推敲しても、書き直したくなりますから、「期限はありません。完成したら原稿をください」という執筆依頼だと、10年かかっても本にはなっていない自信があります。

かといって、「できるだけ早く」という指示では、相手にストレスを与えるだけになります。

納期はいつなのかを、こちらの希望と相手の希望を調整して、合意のもとに期限を設定しましょう。

「FASTの法則」

「FASTの法則」は、マネジメント専門家のドナルド・サル氏とチャールズ・サル氏によって提唱された目標設定のフレームワークです。

この法則には4つの要素があります。

①「Frequent（頻繁に）」
②「Ambitious（野心的な）」
③「Specific（具体的な）」
④「Transparent（透明性のある）」

それぞれの要素について紹介しましょう。

①Frequent（頻繁に）

頻繁に、目標に関する議論をしながら目標の達成を目指すことが、目標達成を可能にするとしています。

さらに、ナポレオン・ヒル著の『思考は現実化する』（きこ書房）で紹介されている「マスターマインド同盟」という考え方があります。

マスターマインドとは、「2人かそれ以上の人で築く、調和の精神を持った協力関係」のことをいいます。マスターマインドを維持にするには、定期的なミーティングが不可欠だとしています。

現在はテキストでのやりとりは頻繁にできますが、私は、やはり顔合わせも定期的にする必要があると考えています。オンラインでいいので、週に一度はチーム内で自由に話し合う時間を持ちましょう。

②Ambitious（野心的な）

「SMARTの法則」では、達成可能な目標を設定しなさいと提唱されています。

それに対して、「FASTの法則」では、野心的な目標を設定しなさいとされています。

大きな違いは、実現可能性が高いほうを重視するか、実現が不可能かもしれないけど大きな目標を設定するかです。

発案者のドナルド・サル氏とチャールズ・サル氏によると「現実味を重視した安全策を

取ることは、時に逆効果になる。野心的な目標を追いかけている従業員は、難しくない目標を掲げている同僚たちに比べて、はるかに優れたパフォーマンスを発揮する」とのことです。

確かに、楽に達成できそうな目標設定では、やる気を失う人もいます。

特に挑戦意欲が高くて、自己肯定感が高い人には、野心的な目標が向いていると思います。ただし、自己肯定感が低い人にとっては、目標が大きすぎると行動することをあきらめやすくなってしまうので、相手によって使い分けが必要です。

そこで、私が普段カウンセリングでよくやっている目標設定方法を紹介します。

例えば、現在500万円の年収を上げていきたいという相談だとします。

まずは、「では、これから1年間の目標年収はいくらにしますか？」と目標額を聞き出します。

このようなカウンセリングをするときには、3つの達成レベルで目標を決めてもらうようにしています。

・松橋「まずは、これだけ手にできたら本当に最高だなあ！　という金額はいくらですか？」
・相手「そうですね。1000万円くらい手にできたら最高ですね！」
・松橋「では、最高目標は1000万円にしましょう」
・相手「はい」
・松橋「では次に、最高ではないけれど、達成できたらうれしい！　という金額はいくらですか？」
・相手「そうですね。800万円はほしいです」
・松橋「では、800万円を基本目標としましょう」
・相手「はい」
・松橋「最後は最低目標です。『最低でもこれだけは達成しないといけない』という金額はいくらになりますか？」
・相手「最低でも600万円はほしいですね」

・松橋「では、最低目標は600万円ですね」

このように、最高目標、基本目標、最低目標の3つを決めます。
そして、最高目標を手に入れるための行動を考えていきます。

③Specific（具体的な）

これはSMARTの法則も、FASTの法則も同じです。目標を具体的にするために、数字を組み込んで設定しましょう。

④Transparent（透明性のある）

組織全体から見える透明性を保つことは、全体のやる気に大きく影響を与えます。目標を達成するための条件や、経過が周りから見えるようにしましょう。透明性が高いと、応援してくれる人も増えます。

以上2つの代表的な法則を紹介しましたが、この2つを使い分けるなら、短期目標の場合は「SMARTの法則」が、長期目標の場合は「FASTの法則」が向いていると思います。

また「SMARTの法則」は、成果そのものの質を重視したい場合に向いているので、個人や小さなチームの目標設定に特に有効です。

一方、「FASTの法則」は組織全体の目標設定や進捗管理、変化する環境への適応性を重視しています。部下が10人いたら、ひとりくらいは野心的な目標へのチャレンジを好む人がいると思います。その人が全体を引き上げてくれるリーダー的存在になることも多いでしょう。

この法則によるフレームワークを基本にして、目標を設定し、指示を出すことで、部下のパフォーマンスをより引き出せるようになるでしょう。

判断基準を明確にする質問とは

リーダーが部下に仕事を依頼したとき、こんなことを言われることがあります。

「私、それ、苦手なんです」

「仕事だから苦手でもなんでもいいからやってくれ！」と言いたいところですが、ここは心理コーチングの技術を使って、苦手意識を解除してあげましょう。


例としてよく挙げられるのが、部下が「私、コミュニケーションが苦手なんです」と言ってくるパターンです。コミュニケーションといっても、伝える技術と聞く技術の合わせ技で、伝え方だけでも具体的にいうと、説明能力、指示の与え方、質問力、ほめる技術、プレゼン力、コメント力、文章力など、さまざまな技術が含まれます。このような場合、部下がどのことを言っているのか明確にするための質問をしましょう。

・リーダー「コミュニケーションが苦手だということだけど、どういう点が苦手だと思うのですか？」
・部下「はい、人前で話すのが苦手です」
・リーダー「人前で話すというと、今、私と2人で話しているのも人前だと思うんだけど、今も苦手なの？」
・部下「いいえ、1対1なら大丈夫ですが、大勢の前だと苦手です」
・リーダー「大勢の前で話すのが苦手というのは、何を基準に苦手だと思う？」
・部下「基準ですか？　なんだろう？　ちょっと考えたことがないです」
・リーダー「苦手だとか得意だというときには、何かしらの基準があるはずだよ。人前で話すのが苦手だと自分が思い込んでいるその理由を知りたいんだ」
・部下「そうですね、入社して間もないころ、プレゼンをする機会があったんですが、A先輩から『おまえ、下手だなあ』と残念そうに言われましたから、苦手だと思っています」

つまり、部下は下手だと評価されたことで、自信をなくしているわけです。

・リーダー「そうか、A先輩に下手だと言われたのが、判断の基準なのだね。A先輩から見たら下手だということだけど、具体的には何が下手だったの？」

・部下「え？　具体的に？　というと？」

・リーダー「プレゼンが下手といっても、いろんな要素があるよ。プレゼンの構成がよくなかったのかもしれない。話し方も細分化すると、聴覚的なことか、視覚的なことか。聴覚的なことでいえば、音量、抑揚、声のテンポ、声の高さ、間の使い方などいろいろあるけど、自分ではどれが下手だったと思う？」

・部下「そうですね、抑揚がなくて、棒読みだったと思います。テンポも悪かったと思います」

・リーダー「視覚的なことでいえば、ふるまい方だよ。立ち姿、表情、ハンドジェスチャーの使い方とか、それはどう？」

・部下「そのあたりは、まったく覚えていないです。話す内容のことだけ、考えていました」

・リーダー「そうだね。具体的に見ていくと、何を改善したらいいか課題がはっきりしてくるよ。ちなみに、君には同期が何人かいるけど、同期の中で君のプレゼン力は、何番目くらいだと思う？」

・部下「同期は10人いますが、その中なら2番か3番目くらいじゃないかなと思います」
・リーダー「それなら、下手なほうというより、うまいほうになるんじゃない？」
・部下「まあ、同期の中ではそうかもしれませんが……」
・リーダー「つまり、A先輩の基準で見たらあなたは下手だったかもしれないけど、A先輩自身も、生まれつきプレゼンがうまかったわけじゃないと思うよ。どう？」
・部下「それはそうでしょうね」
・リーダー「君には単純に課題があるということだよ。それは才能とか生まれつきの能力とは一切関係ない。課題をクリアしていけばいいだけのこと。その課題をクリアするいい機会だから、次回のプレゼンでやってみたら？」
・部下「はい、チャレンジしてみたいです。よろしくお願いします！」

こんなふうに、「自分は下手だ」などの思い込みをはずしていく質問ができたら、あなたの部下はどんどん才能を発揮していくでしょう。「下手だ」「難しい」など、チャレンジをすることに躊躇しているようなら、判断基準を明確にしてあげましょう。

部下へのフィードバックは3つに絞れ

部下を育成するために、フィードバックのスキルは不可欠です。

多くのリーダーが陥りがちな罠は、フィードバックを複雑化させすぎることです。

いくつもの要素を含めて、長々と話してしまい、部下は結局のところ、何も覚えていないという状況をつくりがちです。


やる気が上がるときというのは、喜びを得たいという動機か、恐れを回避したいという動機か、あるいはその両方といった複合的な状態になったときです。

実は、得たい喜びの種類というのは、給料だけではありません。


心理学者のエドワード・デシ博士とリチャード・ライアン博士が発表した「自己決定理論」

によると、自己効力感と自己決定性の高さが、パフォーマンスを上げるのだといいます。課題の遂行にともなう自由選択や、決定自体が、喜びや満足とつながって行動に動機づけられるのです。そのことを「内発的動機づけ（intrinsic motivation）」と呼びます。

また、彼らが発表した「認知的評価理論」によれば、適切なフィードバックは内発的動機づけを高めるといいます。特に、能力や自律性を認めるフィードバックが効果的とのことです。パフォーマンスや精神的健康などに影響を及ぼすといいます。

フィードバックするときは、具体的な行動や結果に焦点を当てましょう。

さらにポジティブな点と改善点をバランスよく伝えるために、「サンドイッチ話法」でのフィードバックを活用しましょう。詳しくは238ページで紹介します。

3つに絞る理由

人に情報を伝えるときには、「7個くらいが覚えられる数だ」と、長い間信じられてきました。これは、1956年に発表されたジョージ・ミラーの「マジカルナンバー7±2」の法則が元になっています。ですが、この法則を覆す理論として、「マジカルナンバー4±1」つまり「3~5個」という考え方が、2001年に提唱されています。提唱したのは、ミズーリ大学のネルソン・コーワン教授です。

教授は短期記憶の容量の限界は「3~5個のかたまり」であるとしています。4つのかたまりを中心とした3~5が限界の数という考え方が、現在では短期記憶に関する定説となっています。

例えば、電話番号「03-1234-5678」は、「03」「1234」「5678」という3つのかたまりとして記憶されやすいという説明が、この新しい理論でより説得力を持つとされています。

この新しい理論により、人間の短期記憶の容量は、意外にも少ないことがわかりました。この発見は、マーケティングやユーザーインターフェース設計など、さまざまな分野に影響を及ぼします。

プレゼンテーションのトレーニングでは、「ポイントは3つあります。ひとつめは……」と、要点は3つに絞って話せという指導が多いのも、うなずけます。

ですからリーダーは、たくさんのフィードバックを与えるよりも、3つに絞って伝えるのが望ましいのです。3つの要素に絞ることで、フィードバックの焦点が明確になります。これにより、部下は何に注力すべきかを容易に理解できます。

また「エビングハウスの忘却曲線」によれば、学習後の情報は1時間後に半分忘れて、翌日には7割忘れるといいます。

3つの要素に絞ることで、重要なポイントの記憶の定着率が高まります。

フィードバックは単なる評価ツールではなく、部下の潜在能力を引き出し、組織全体の成長を促進する強力な手段なのです。

できるリーダーは後出しジャンケンをする

ジャンケンで、勝率100％の方法があります。

なんだと思いますか？

今まで研修やセミナーで、数千回行ってきた質問ですので、私の話を聞いた方はご存じの方も多いでしょう。

はい、そうです。後出しをすればいいのです。

相手が手の内を見せたら、遅れて自分の手を出せばいいのです。相手がグーを出したのを確認したら、その後にパーを出せば絶対に勝てます。

もちろんジャンケンだと、後出しは卑怯なやり方だと罵られます。

ですが、日常の会話では後出しをすればするほど、いいことだらけです。

「卑怯」と言われることはありません。それどころか、「ありがとう、自分にピッタリ合う話をしてくれて」と、かえって喜ばれます。

私が30歳のころ、心理学を学んでいきなり全国トップになるくらい売れるようになってから、いろんな人の営業指導をしてきました。指導歴はそろそろ30年目になります。

今までのセミナー受講者の中には「全然売れなくて、あと3か月で売れなければクビだと言われたので来ました」という方も多くいました。

「売れていない」という人には共通点があります。

セミナーでは、まずはどんな営業をしているのかを確認したいので、簡単に商談のデモンストレーションをしていただきます。すると、売れていない人ほど、先に商品の説明ばかりします。お客さまにたいした質問もせず、自分が言いたいことをまくしたてます。

自分が先で、相手が後なわけです。

先日、私の会社に来た営業の方も同じ状態でした。

あいさつするなり、「ではさっそくですが」とバインダーを開き、延々と会社概要を話しはじめました。

会社概要の話は10分くらいだったと思いますが、あまりにつまらない話が続くので、体感では30分くらい。会社概要がようやく終わったら、今度は商品説明です。

私への質問はほとんどありません。

私の事情をほとんど聞かずに、ひたすらひとりでしゃべりまくっていました。

40分くらい経ち、ようやく価格の提示です。

そして「今日なら安くします」と言いながら即決を迫ります。

ですが、私は自分でもびっくりするくらい、冷酷に断っていました。人間関係が築かれていないから、あっさりと断れたのです。そして何より、私の事情をまったく知ろうともせず、一方的な話ばかりしていたことも、断った大きな理由となります。

リーダーは常に後出しで

このように先出しをして嫌われるようなことをやっているリーダーも多いのではないでしょうか。

部下を呼び出して、自分が一方的にべらべらしゃべっていませんか？

リーダーは、部下に伝えたいことがあるときは、常に後出しを意識しましょう。

リーダーが「わかりましたか?」と質問すると、部下が「はい、わかりました」と答えた。なのに、後日、成果の確認をしたら、まったくお願いした通りには進んでいないことが発覚。

こんな悲劇は、日本中、あちらこちらで起きていることでしょう。

では、そんな行き違いを防ぐためには、先に何をすればいいのでしょう。

それは、的確な質問をすることです。

あなたが伝えたいことが、「今よりもスピードアップして仕事を処理してほしい」ということだとします。この依頼をしっかりと遂行してもらうため、部下の反応に合わせた説明をするには、まずは質問が必要です。

・リーダー「Aさん、この資料の作成を頼みたいけど、いつもどれくらいの時間でやっているかな?」

・部下「はい、いつもはだいたい3日くらいで仕上げてます」
・リーダー「3日か。この仕事は3日後の会議で使いたいから、2日でやってほしいんだよ」
・部下「2日なんて、無理ですよ。他の日常的な業務だけでも大変です」
・リーダー「確かに大変だと思う。2日で仕上げるにはどうしたらいいと思う？」
・部下「日常業務を減らしてもらう必要があります」
・リーダー「なるほど。他にはある？」
・部下「最近、一緒にやっているBさんが大きな仕事を抱えて、こちらの仕事を手伝えないと言っているのも、影響が大きいです」
・リーダー「そうか……。他には、無理だと思う理由はどんなことがある？」
・部下「それくらいです」

このように、いったんは部下の言い分をすべて聞き出しましょう。
全部言い終えたと思ったら、「他にありますか」という質問をします。
「他にはないです」という返事がきたら、ようやくこちらが話す番です。
ここからが後出しです。

言いたいことを十分に聞いているのだから、それぞれの言い分をひとつひとつクリアしていけばいいだけです。

・リーダー「まずひとつめの、日常的な業務を減らすということなんだけど、この仕事をしている間、後回しにしてもいい日常業務にはどんなものがある？」
・部下「そうですね。あれとこれは、緊急性が低いと思います」
・リーダー「じゃあそれは、その部署に伝えておくよ。2つめの、Bさんの件だけど、Bさんが手伝えない分は、どうしたらいいと思う？」
・部下「他の手が空いた人にやってもらうとか、外注するのがいいかもしれません」
・リーダー「そうか、状況を見てCさんに頼もう。だったら2日でやれそうだね？」
・部下「まあ、なんとかできると思います」

先にあれこれ言うのは、ジャンケンでいうと先出しです。
自分が手の内を見せてから相手の攻撃を待っていたら、必ず負けます。
部下のマネジメントだけでなく、交渉の基本は、相手の言い分をすべて聞いてからこちらの話をすることに尽きます。

ビジネスでの会話は常に後出しを意識しましょう。

アドバイスをもらったときに「ちょっと違うな」と思うことはありませんか？　あなたの話を少し聞いただけで、大量のアドバイスをされたら、ピントがはずれたものが多くなるのも当然でしょう。

できるリーダーは、お手軽なアドバイスをすることはありません。

核心をつくアドバイスのみをします。

核心をつけるのは、徹底的に相手の話を聞くからです。共感しながら話を聞くだけでも、相手の満足度は何倍も上がります。そしてさらに、聞き出した情報や相手の感情などを十分に配慮したうえでアドバイスすればいいのです。

それができる人こそが、相手の心をしっかりつかめるリーダーといえるのです。

4章

部下のやる気が変化する「話し方のルール」

「ティーチング」と「コーチング」では何が違うのか？

コーチングは学んだけど、ついついアドバイスばかりしてしまう。

この悩みは、単純にコーチングの基本スキルを十分に消化できていない場合に多いです。

コーチングは、傾聴の技術と質問の技術の合わせ技です。

傾聴と質問の技術は、実は本を読んだり講義を受けたりするだけでは、習得するのがかなり難しい技術です。

私は水泳が苦手です。生まれ故郷の青森では泳げる期間がほんのわずかなこともあり、ちょっと泳いだだけで足をつきたくなります。遠泳ができる人は神とすら思えます。

クロールのやり方は何度か教えてもらったことがありますし、理論的に手足をどう使えばいいかはわかっています。それでも自在に泳げるようにはなりません。

知っていることとできることの間には、大きな川が流れているのです。

水泳と同じように、特に傾聴は、理論を知っていても、トレーニングをしっかり受けないと身につけにくい技術だと感じています。

私が講師として独立したのは2007年です。そのころから傾聴のトレーニングをセミナーに取り入れてきました。

セミナーでは冒頭でこんな質問をします。

「私の聞き方の本を読んでご参加されている方はどれくらいいますか？」

すると、その場にいるほぼ100％の方が手を挙げてくださいます。

「では、まずは自由に傾聴する時間を取りましょう。ペアの方のお話を、いつもやっていらっしゃるスタイルで傾聴してください」

そして、みなさんがどれくらいのレベルで傾聴しているのかをチェックするために、会場をひと回りします。すると毎回、スムーズに傾聴ができる人は1割もいないのです。びっくりします。

スムーズに傾聴ができる1割の方に、「傾聴をトレーニングしたことがありますか？」と尋ねると、他のセミナーでトレーニングをしたことがある人ばかりでした。

つまり、トレーニングを受けたことがなく、本を読んだだけで、本に書いてあるテクニックがスムーズに実践できる人はいないのです。それくらい、自然に傾聴を身につけることは難しいのです。

「話を聞くのが大事」ということは、誰でも知っているのに、それを技術として消化していないから、ほとんどの人は「聞いているつもり」になっているのです。

「ティーチング」と「コーチング」の違い

さて、ここで質問です。「ティーチング」と「コーチング」の違いはなんだと思いますか？

この2つは似ているようで実は目的も相手との関係性も違います。この違いを具体的に示すと次ページの図のようになります。

「ティーチング」と「コーチング」の違い

	ティーチング	コーチング
①目的	知識やスキルの伝達 ↓達成方法 教える、指導する	自ら考え、行動するための能力の育成 ↓達成方法 質問する、傾聴する
②役割	教師、指導者、先生 ↓生じる関係性 上下関係	伴走者、問いかける人 ↓生じる関係性 対等な関係

①目的

ティーチングとは、知識やスキルの伝達です。

傾聴が苦手な受講者がいるとします。

ボディーランゲージ、声の使い方、言葉の使い方を教えたり、質問技法を教えるのが、ティーチングになります。

それに対してコーチングは、本質を学ぶことを目的とします。

「傾聴は大事です」と100回言われても、その本質に気づかない限り、傾聴よりもアドバイスに流れてしまうでしょう。

なぜ傾聴が必要なのか？

その本質に気づいてもらうために、質問に質問を重ねて気づきを得られるようにサポートしていくのがコーチングです。

②役割

指導者であり、教師や先生のような役割をするのがティーチングです。

そこには上下関係が発生します。

それに対して、伴走者の役割をするのがコーチングです。

支えるサポーターといってもいいでしょう。

私は「ゲシュタルト療法」を数年間ほど学んだことがあります。

そこでは、講師のことを先生と呼ばず、「さん」付けで呼ぶルールでした。教える人と学ぶ人という上下関係をつくってしまうと、クライアントの気づきを妨げるという理由でした。

講師が何か理論的なことを教えることは、ほぼありません。ほとんど心理セッションをするだけでした。

ですから、他で心理学の基礎を学んだ人でないと、マスターするにはかなりハードルが高いと思います。しかし、私にとっては、それまでのトークセラピー中心から身体感覚中心へ大きく転換するきっかけとなり、心理療法の技術が格段に向上しました。

この心理療法を学んで驚いたのは、徹底してカウンセラーのコントロールを排除することです。

通常のセラピーは見立てをして、着地点を決めて誘導していくことが多いです。しかし、ゲシュタルト療法では、どこに着地するかなどは一切決めず、クライアントにひたすら寄り添って進んでいきます。

リーダーも、部下を決まった型にはめようとするのではなく、こちらの意図を押しつけようとせず、部下に寄り添い続けていくことが、部下が持つポテンシャルを最も発揮できるのは間違いないでしょう。

リーダーは第2領域を大事にする

あるマネージャーから、こんな悩み相談を受けました。

「会社でコーチング研修があって、部下にコーチングをしているつもりが、いつもティーチングになってしまうんです。気づきを待てず、教えたくなってしまうんです。その背景として、じっくり答えを待つほどの十分な時間が取れないのが大きいと思います。どうしたらいいでしょうか？」

いくつかの原因が考えられますが、

「時間がない。だから相手の気づきを待つ時間の余裕がない」

というところから考えてみましょう。

忙しいからできないという理由は、さまざまな分野で使いやすい言い訳です。

・家族の相手をする時間が取れない
・勉強する時間が取れない
・やりたい趣味があるけど、時間がなくてできない

このような悩みをよく聞きますが、本当に時間がないからできないのでしょうか？

いいえ、違います。すべて時間のせいではなく、優先順位の問題です。

もしあなたが「６００万円のロレックスの腕時計を買わないか」と言われたら、「お金がないから買えないよ」とおっしゃるでしょう。でも買えないのではなく、買わないだけかもしれません。

１９８９年10月、セルシオというトヨタの車が登場しました。新車で６００万円を超える高級車です。

ガソリンスタンドに勤める車好きの友人は、月収が30万円くらいなのに、セルシオを手に入れました。

駐車場代や保険代を入れたら、毎月収入の半分くらいを車に注ぎ込んでいました。彼に

とっては、車が人生の最優先だったわけです。

同じように月収30万円で600万円のロレックスが買えるわけです。ですが、ほとんどの人は他に優先したいことがあるので、買えないわけではありません。ただ買わないだけです。

「時間がなくてできない」「お金がないからできない」という言葉は、とても受動的です。

能動的に生きていきたいのなら、「時間がないから無理、お金がないから無理」ではなく、「他に使いたいからやらない、買わない」と言い換えることをおすすめします。

「時間がないからコーチングとかやっていられない。気づきを待っていられない」などと言うリーダーは、「部下が気づきを得るよりも、仕事を先にこなすことが優先だ」という選択をしているだけといえます。

有限の時間の使い方

・家族の相手をする時間が取れない
・勉強する時間が取れない
・やりたい趣味があるけど、時間がなくてできない

家族、自己研鑽、趣味。これらは、人生の中でどれくらい重要でしょうか？

重要だけれど、緊急性がありません。重要ではないのに緊急なことを優先してしまいがちです。

ビジネス哲学の代表的な本として、スティーブン・R・コヴィー著『7つの習慣』（キングベアー出版）があります。この本には成功し続けるための原理・原則が書かれており、人生哲学書として世界中で読み継がれています。

米国のリーダーシップの研究者であるコヴィー博士は、本書で次の7つの習慣を提唱しています。

・第1の習慣「主体的である」
・第2の習慣「終わりを思い描くことから始める」
・第3の習慣「最優先事項を優先する」
・第4の習慣「Win-Win」を考える
・第5の習慣「まず理解に徹し、そして理解される」
・第6の習慣「シナジーを創り出す」
・第7の習慣「刃を研ぐ」

この中でもリーダーにとって重要な要素となるのは、第3の習慣「最優先事項を優先する」です。何を最優先すべきかを判断するための考え方として、「時間管理のマトリックス」を紹介しています。

「時間管理のマトリックス」とは、仕事や日常生活で生じる出来事や自分の行動を「緊急度」と「重要度」の2軸で4つに分類して考える時間管理の方法です。時間を効率的に活用するタスククリア管理ではなく、いかに効果的に活用できるかを問う内容です。

時間管理のマトリックス

	緊急	緊急でない
重要	**【第1領域】** ・締め切りのある仕事 ・クレーム処理 ・切羽詰まった問題 ・危機や災害	**【第2領域】** ・人間関係づくり ・健康維持 ・準備や計画 ・人材育成 ・リーダーシップ ・勉強や自己啓発 ・エンパワーメント
重要でない	**【第3領域】** ・突然の来訪 ・多くの電話 ・多くの会議や報告書 ・無意味な冠婚葬祭 ・無意味な接待や付き合い ・雑事	**【第4領域】** ・暇つぶし ・単なる遊び ・だらだら電話 ・待ち時間 ・SNSやテレビの流し視聴 ・その他、意味のない活動

※スティーブン・R・コヴィー著『7つの習慣』(キングベアー出版) より引用し、一部現代用にアレンジ

具体的に説明すると上の図のようになります。出来事を「重要」か「重要でない」で分類し、それに費やす時間を「緊急」か「緊急でない」で振り分けます。このように出来事や行動をマトリックスで図式化することで、自分が本来やるべきことが明確になってきます。

現代経営学の父と呼ばれるピーター・ドラッカーの名言に「時間は最も希少な資源。時間をマネジメントできなければ何もマネジメントできない」とあるように、時間をどのように管理するかはリーダーにとって重要なスキルなのです。

①第1領域（緊急で重要）

第1領域に入るのは、最優先で取り組む必要のあることです。納期直前の仕事、仕事でのクレーム、病気やケガをしたのですぐに病院に行くなど、何よりも先にやるべき領域です。

②第4領域（緊急でもなく、重要でもない）

浪費と過剰の領域と呼ばれ、優先度が最も低い領域です。机の上の整理整頓や、なんとなくのネットサーフィンなどが当てはまります。整理整頓は溜めすぎたら、第3領域に移動する場合があります。

③第3領域（緊急だが、重要ではない）

誰も読まない日報の作成やリーダーへの報告などは緊急性が高いですが、重要度は低くなります。

④第2領域（緊急ではないが、重要）

第2領域に入るのは、重要ではあるが、すぐに対応しなくてもいいこと。健康を維持するための勉強をしたり、運動をしたりすることも、緊急ではありません。しかし、とても重要なことです。

リーダーとして、読書やセミナー受講など自己研鑽は必須でしょう。さらに人材教育も必要です。

長期的な経営計画なども、この領域に入ります。今月だけ、あるいはせいぜい半年先しか考えていないリーダーと、3年後、5年後を見据えたリーダーでは、大きな差があります。

できるリーダーは、第2領域に集中的に時間を使います。なぜなら第2領域に力を注ぐことで、第1領域の仕事が減らせることを知っているからです。

第2領域は、質を高める作業です。この領域の比重を高めることで、クレームなどの突発的な問題を減少させることが可能になります。

第2領域を先延ばしした末路

常に緊急なことを優先している人は、後で大きなしっぺ返しを受けることになります。

最近、女性のクライアントから「老後を夫と一緒に過ごしたくない」と相談されることが、とても多くなりました。もともとはそれぞれ別の悩み相談が発端ですが、最終的にはパートナーシップの問題に行き着くことが多くあります。

なぜ老後は一緒に住みたくないのか？　と尋ねると、

「夫は結婚当初から家のことは一切やらず、家事も育児もすべて私ひとりで負担。ずっとワンオペで対応していました。私は休日に夫と一緒にスーパーに行ったこともありません。家族の時間をつくってよとお願いしたら、夫は「家のことはやらない。その代わりにお金の心配はさせない」と返答してきました。でも、家族を顧みなかった夫が年金生活になったら、もう一緒にいる意味もなくなります」

と言うのです。

夫にしてみれば、そのときそのときに、目の前の仕事をこなすことに一生懸命だったのでしょう。

しかし、家族とのつながりを大事にすることには、緊急性を感じなかったのです。その選択の結果、彼は熟年離婚の危機を迎えることになってしまったわけです。

リーダーにとって第2領域で最も大事なことは、人材育成です。部下が一朝一夕で素晴らしい人材に育つことはありません。

「○年後には、これくらいできるように育てよう」と、長期の展望が必要です。そのためには、部下が気づきを得るための時間を節約してはいけません。

相談を受けた瞬間に、「じゃあ、ああしてこうしておいて」。

そんな表面的なアドバイスをして、緊急のタスクをこなさせても、部下には地力（じりき）がつきません。

なぜそのようにするべきなのか？　その本質を理解するまで教えるのが、優れたリーダーです。そのためにも、第2領域の時間をしっかり確保していきましょう。

「褒める」と「甘やかす」は大違い。部下をやる気にさせる魔法の話し方

リーダーシップにおいて、部下のモチベーションを高めることは重要な課題です。しかし、その方法を間違えると、逆効果になることもあります。特に「褒める」と「甘やかす」を混同してしまうと、部下の育成に大きな影響を与えてしまいます。「褒める」と「甘やかす」の違いを理解することは、リーダーとして必須です。

「褒める」と「甘やかす」の違い

褒めるとは、部下をいい気分にさせることではありません。

部下の努力や成果を認めて、その価値を伝えることをいいます。

褒めることとは、部下に明確な基準を与えることになります。基準が明確になれば、目的

意識も高まります。その結果、パフォーマンスが上がっていきます。達成感を得られた部下は自己肯定感が高まり、さらなる成長を目指す意欲が湧きます。これが褒めることで生じる効果です。一方、甘やかすとは、部下のミスや未熟さを、「まだ新人だから目をつむっておこう」と無視し、過剰な評価を与えることになります。こうやって甘やかすと、部下は現状に満足し、成長する意欲を失ってしまいます。

営業時代に、入社して1か月目に、すぐに先輩社員並みの営業成績を出して、一躍注目を浴びる新人がときどき現れました。しかし残念ながら、そういった人は半年くらい経つと、好成績を持続することができなくなり、退職していくことがほとんどでした。

せっかくの才能がつぶれてしまうのは、新人時代に地力がつく前に、上司や周りが甘やかしてしまうからです。それに対し、「入社してから半年経っても全然売れてないね。もう少しがんばろう」などと言われるくらい、売れるまで時間がかかって苦労した人ほど、大きく化けるケースは多いです。

入社してからしばらくの間は、地力をつける期間です。うまくいかない結果に悩みながら、改善を積み重ねていった人は、ちょっとしたきっかけで、いきなり売れるようになってトップセールスに躍り出たりすることがあります。そして、そういった人ほど、トップの成績を長い間にわたって維持していくものです。

達成すべき目標を明確にし、地力をつけることは、とても重要です。そのためには、改善すべき点などはリーダーがしっかり指摘してあげることが、部下の成長を促すだけでなく、チーム全体の向上にもつながっていきます。

最近の若手は叱らずに、褒めて伸ばすのが主流といわれていますが、課題点を指摘せず、ただ目をつむるのは単純に甘やかしていることになってしまいます。このような状況は部下が成長しないだけでなく、「ここにいても成長できない」「何も教育してもらえない」と感じ、それが転職の理由になることもあります。指摘すべきところはしっかり指摘し、過剰な評価をすることは避けましょう。

効果的な褒め方とは？

では、部下を甘やかすのではなく、効果的に褒めるにはどうすればよいのでしょうか？必要なポイントとして、次の４つが挙げられます。

①具体的に褒める

何がよかったのか、どの部分がよかったのかを具体的に伝えることです。

部下は自分の行動の何が評価されているのかを理解できます。

「今回のプレゼンテーションは、データ分析が非常に詳細で説得力がありましたよ」

②基準を明確にする

具体的な部分を伝えるとともに、褒める基準を明確に伝えましょう。

褒める基準がわからないと、次に同じようなことをして褒められなかったときに、「何がよくなかったのだろう？」

と無駄に悩むことになりストレスを与えます。

基準が明確なら、「今回褒められなかった理由は単に褒め忘れたのだろう」と部下も納得できるでしょう。

「今回のプレゼンテーションは、データ分析が非常に詳細で、説得力がありました。その結果、企画が通るという結果が得られたのが何よりもよかった！」

③タイミングを逃さない

実は褒めるタイミングはとても重要です。効果的なのは、成果が出た直後に褒めること。時間を空けてしまうと、効果は半減してしまいます。

成果だけでなく、ベストな行動の直後にしっかり褒めてあげることで、部下はそれが正しかったのだと実感しやすくなります。

④成長を促すためのフィードバックを忘れずに

褒めるだけで終わらせず、上を目指す姿勢を保てるように、さらなる改善点をフィードバックしましょう。

「ただ、最後は時間が押したおかげで飛ばし飛ばしになってしまったから、次回は、時間管理にも気をつけると、さらにいいね」

部下をやる気にさせる魔法の話し方

部下をやる気にさせる「魔法の話し方」は、効果的なコミュニケーションの要素を組み合わせることで実現できます。以下に、その要素と具体的な例を詳しく説明します。

①感謝の気持ちを伝える

「感謝しているよ」「ほんとに助かったよ」などと言葉で感謝を伝えることで、部下は「自分には価値がある」と感じられるようになります。しかし、実は伝えた自分自身のウェルビーイングが改善したり、ストレスが減ったり、乗り越える力が高まり、さらには、職場で不当な行為が減るという研究結果があります。

「あなたの緻密なサポートのおかげで、チームワークが保たれているのは間違いないです。本当に助かっています。チーム全体の士気を高めてくれて感謝しています」

②結果だけでなく過程を褒める

ある研究によると、「結果だけを褒めると、積極性が失われていく」という結果があります。同じ結果を出せるかわからないときは、期待を裏切らなくて済むように行動を起こさなくなるからです。ですから努力のプロセスを認めることは、部下のモチベーションを向上させるうえで重要です。困難を乗り越えた経験や、粘り強く取り組んだ姿勢は、特に具体的に褒めましょう。
「難しい局面でも、途中であきらめずに、最後まで取り組んだのは素晴らしいよ」

③未来への期待を示す

他者からの期待を受けることで学習成績が向上したり、仕事での成果が上がったりする心理効果のことを、「ピグマリオン効果」といいます。「教師期待効果」「ローゼンタール効果」とも呼ばれます。

期待をされた人は、パフォーマンスが高まるのです。

部下への期待と将来のビジョンを示すことで、長期的なモチベーションを高めて、部下のパフォーマンスを引き出すことができます。

「この調子で経験を積み重ねていったら、数年後、とても楽しみだよ」

「褒める」と「甘やかす」は一見似ていますが、その効果が大きく異なります。部下にやる気を出させるためには、これらのことをしっかり押さえて接していきましょう。

できないリーダーは叱咤激励して、できるリーダーは話を聞く

日ごろから遅刻の多い部下が、今日また遅刻をしました。この場合、あなたは部下に対してどういう対応をしますか？

一般的なリーダーは、こうした望ましくない行為を、つい批判してしまいます。

「こんなに遅刻が多いなんて社会人としてありえない！　新入社員にも示しがつかないぞ」

「時間通りに出社しているみんなに申し訳ないと思わないのか？　明日からは心を入れ替えて来ないとダメだぞ。お前には期待しているんだから頼むぞ！」

このような叱咤激励は、日本のあちらこちらで行われていることでしょう。

リーダーの叱責は、ごもっともな正論です。

ですが、相手の心にはまったく届きません。

部下にしてみれば、反省する気持ちよりも、批判された、否定されたという感情だけが強く残り、心が防御体制に入るだけです。上の立場の人間に言われたら、言い返せないだけに余計に不満が溜まってしまうのです。

また、望ましくない行為を正そうとして、具体的な方法を指導するリーダーの方も多いでしょう。

「アラームをいつもより15分くらい早めてみようか。残業も減らして早く帰れるように考えよう。それで少しでも早く寝られるようにすれば改善するんじゃないかな」

頭ごなしに批判するよりはずいぶんマシです。

ですが、これもあまり効果的とはいえません。病気でいえば、対処療法だけやっているようなものです。

部下自身も遅刻は社会人として望ましくない行為であることくらいは重々承知していま す。アラームを早めるとか、早めに寝たほうがいいということも、教えてもらわなくてもわかりきったことです。でも、背景にある問題があるから直らないのです。

できるリーダーは、「遅刻は悪いことだと十分理解しているはず。それでも時間通りに出社できないのは、『私は会社に時間通りに来たくありません』ということだ。その根底にはどんなメッセージがあるのだろうか？」と捉えます。

では、そのメッセージを受け取るにはどうしたらいいのでしょうか？

答えはひとつ。本人に聞くしかありません。

できるリーダーは、批判せず、正そうともせず、ただただ話を聞いて、部下の潜在意識が、どんなメッセージを発しているのかを知ることに集中します。

コンサル先から、カウンセリングの依頼がありました。

「遅刻ばかりするAという部下がいるんです。松橋さん、Aさんと直接面談してカウンセリングをしてもらえないでしょうか？」

そこでAさんと対面して話を聞いてみました。

話を深く聞いていくと、いろいろと不満が口から出てきました。

「新たな部署の仕事がつまらない。自分が正当に評価されていないと感じて、やる気が大きく下がった。この会社での未来に希望が持てない。最近は寝付きがとても悪く、その結果、朝は起きられない」

とのことでした。

これでは、怒鳴られても、目覚ましの設定を変えても、遅刻がなくなるはずがありません。

「Aさん、今、私に話したことを、ご自身でリーダーに伝えることはできますか？　それとも私から伝えましょうか？」

するとAさんは、「自分で直接言ってみます」とのこと。

私は、リーダーの方へお願いしました。

「Aさんは伝えたいことがあるそうなので、直接聞いてください。何を言われても怒らず、アドバイスもせず、励ますこともせず、とにかく黙って聞いてほしいです」

後日、Aさんはリーダーとの面談で、溜まっていた不満を吐き出したそうです。そして結果的に、希望する部署へ配置換えとなり、未来に希望も持てるようになったため、遅刻がなくなったそうです。

リーダーは、部下の問題行動に対して、叱咤激励をする前に、するべきことがあります。

根本的な部分を解消せず、表面的なアドバイスや指導をしても効果が出ません。

大切なのは、なぜそのような問題行動をしてしまうのか、背景にどんな動機が隠されているのかをしっかり本人に聞くことです。

できるリーダーには、背後に隠された意図を読み取る力が必要なのです。

部下を注意するときには遠回し、直接、どちらが正解？

部下の行動に問題があった場合、どのように注意するかは、リーダーにとって重要な課題です。

遠回しに伝えるべきでしょうか？

それとも直接的に伝えるべきでしょうか？

一概にどちらがいいとは言えず、状況によってどのように注意するのがベストかを見極める必要があります。

この見極め方によっては部下のやる気を促すこともできますし、場合によってはストレスを与えてしまうことにもなります。

どのような状況でどちらのアプローチをするのがベストなのか、「遠回しな注意」と「直接的な注意」それぞれのメリットとデメリットを比較してみましょう。

遠回しな注意のメリット

①部下の自尊心を傷つけにくい

遠回しな注意は、相手の感情に配慮した伝え方となります。

例えば、「もう少し改善の余地があるんじゃない？」といったあいまいな表現を使うことで、部下の自尊心を守りながらメッセージを伝えることができます。

心理学では、自尊心（Ｓｅｌｆ－ｅｓｔｅｅｍ）が個人のモチベーションやパフォーマンスに大きく影響することが知られています。自尊心を傷つけない伝え方は、部下のやる気を維持するうえで有効です。

②対立を避ける

遠回しな注意は、対立を避けるためのコミュニケーション手法としても有効です。特に和を重んじる傾向が強い風土の会社では、直接的な指摘を避けることが一般的です。

このようなアプローチは、部下との信頼関係を維持し、長期的な協力関係を築くのに役立ちます。

③部下の自主性を引き出す

遠回しな注意は、部下に「気づき」を与えるきっかけになります。

例えば、「この部分をもう少し工夫できるといいかもしれないね」といった表現は、部下自身が問題に気づき、改善策を考える余地を残します。

このようなアプローチは、内発的動機づけを促進し、部下の自主性を高める効果があります。

遠回しな注意のデメリット

遠回しな注意は、時にあいまいすぎて部下に意図が伝わらないことがあります。遠回しな表現では、部下が危機感を持たないために、問題が深刻な場合や緊急性が高い場合には、改善が遅れるリスクがあります。また、抽象的な表現は、受け手によって解釈が異なることがあります。

例えば、「もう少しがんばってね」。

この言葉を「励まし」として受け取る人もいれば、「不満」として受け取る人もいます。

このような誤解は、部下のストレスを増大させる可能性があります。

直接的な注意のメリット

①メッセージが明確に伝わる

問題点や改善点を明確に伝える直接的な注意は、誤解が生まれません。

「この部分は間違っているので、すぐに修正してください」といった表現は、部下に具体的な行動を促すのに有効です。

②緊急性の高い問題に対応できる

直接的な注意は、緊急性の高い問題や重大なミスに対処するのに適しています。迅速な対応が必要な場合には、直接的なアプローチが有効です。

③リーダーシップを示す

直接的な注意は、リーダーとしての毅然とした態度を示すことができます。特に、チーム全体の規律やルールを守るためには、明確な指摘が必要な場合があります。このようなアプローチは、リーダーの信頼性を高める効果があります。

直接的な注意のデメリット

直接的な注意は、部下の自尊心を傷つけるリスクがあります。特に、自尊心が低い部下に対しては、直接的な指摘が逆効果になることがあります。

また、直接的な注意は、部下との関係を悪化させるリスクがあります。

特に、感情的に伝えてしまうと、部下は防御的になり、対立が起こりやすくなります。そのような状況では、部下のモチベーションが低下し、パフォーマンスがさらに悪化する可能性もあります。

遠回しな注意と直接的な注意を使い分けよう

「遠回し」と「直接的」、それぞれのメリットとデメリットを紹介しました。

つまり、部下の性格に合わせて使い分けることと、緊急性や重要度で使い分けたほうがいいということになります。

心理学の見地からすると、遠回しよりは直接的なフィードバックをしたほうが、パフォーマンスが上がるという研究結果があります。なので、部下が自信家で、ストレス耐性が高い場合は、ストレートに話しましょう。

問題が深刻で、迅速な対応が必要な場合や、チーム全体の規律やルールを守る必要がある場合などにも、直接的なフィードバックが向いています。

一方、部下が繊細で自尊心が低い場合や、部下との信頼関係がまだ十分に築けていない場合は、直接的な注意は避けたほうがいいでしょう。

フィードバックのバランスとは?

心理学では、「サンドイッチ法」と呼ばれるこのアプローチが、効果的なフィードバック手法としておすすめです。

①まずは承認の言葉を伝えます。
②次に、改善点を伝えます。
③最後にまた、承認の言葉を伝えます。

【例】

「いつもがんばってくれていることに、とても感謝しているよ」↓(承認)
「ただ、今回の仕事ではチェックが足りなかったみたいで、ミスが多かったから、次回からは二重チェックをきちんとしてほしい」↓(改善点)
「とはいえ、いつもみんなのために尽力してくれているのは、本当に助かっている。これ

からも頼むよ」→（承認）

このように、最初に遠回しな表現で部下の気持ちに寄り添い、その後で具体的な改善点を伝えることで、部下の自尊心を守りつつ明確なメッセージを伝えることができます。

ネガティブな要素をポジティブな言葉でサンドイッチすることによって、注意されるほうも素直に受け取りやすくなります。

部下にミスをさせてしまうリーダーがやっていることとは？

デパートやレストランで子どもが騒いだり、走ったりしていることがあります。

すると、お母さんが「騒がないで！」「走らないで！」と大声で怒鳴っていたりします。

子どもたちは、何度どなられても、一向に収まる気配がありません。

そんな光景をよく見かけます。


同じように、リーダーが部下に向かって、「この部分はミスをしないように」「明日は大事な会議だから遅刻するなよ」などと、注意を与えることがあります。

このような注意の仕方を、心理学では否定命令やカリギュラ効果と呼びます。

この「○○するな」という注意の仕方は、実は効果がありません。

効果がないだけでなく、脳科学的には、さらにミスを誘発したり、遅刻を誘導してしまう指示の出し方なのです。なぜなら脳は、このような否定命令を受け取ることができないからです。

ここで簡単な実験をしてみましょう。

左の文章を読み上げてみてください。

ただし、ひとつお願いがあります。今から読み上げる状況を、絶対にイメージしないでください。

今は、真夏です。
気温は35度。
ニュースでは今年一番の猛暑とのこと。
そんな日に限って、5件も約束が入り、汗だくで1日、あちらこちらへ移動しました。
あなたはろくに水分を摂る暇もなく、喉がカラカラの状態で帰宅しました。
家に帰ったら、さっそく喉を潤したい。
それで、冷蔵庫を開けると缶ビールが目に入りました。

缶ビールの蓋をプシュッと開けて、ごくごくと一気飲み。

「プハー！　うまい！」と声が自然に出る。

そんな状況を絶対にイメージしないでください。


いかがでしょう？

イメージをしないで、最後の1行までたどり着くことはできましたか？

セミナーでは、このようなストーリーを読み上げて、「最後までイメージをしなかった人はいますか？　手を挙げてください」と言うと、手が挙がることはありません。

ほとんどの方にとって、イメージをしないことは難しいのです。

シロクマのことは考えるな

心理学では、次のような有名な実験があります。

心理学者ダニエル・ウェグナーの実験です。

Aグループには、「シロクマのことを考えておいてください」と伝えました。

Bグループには、「シロクマのことだけは考えないでください」と伝えました。

時間をおいて質問すると、シロクマのことをより考えてしまうのはどちらだったでしょうか？

答えは、「考えないでください」と伝えたBグループでした。


思考を抑制しようとすると、余計に考えてしまうという心の仕組みがあるのです。

リーダーに「ミスをするな」と言われた部下の脳は、どのように否定されたことを処理するのかを、考えてみましょう。

まず、ミスをしてしまったイメージをつくります。

次に、「ミスをしないようにしよう」とイメージをつくります。

「ミスをしないように」と思いながら、ミスをしているイメージに集中してしまうのです。

その結果、ミスが当然のごとく起こります。

つまり、「ミスをするな」という指示を与えるということは、「ミスをしろ」と言っているようなものなのです。

肯定命令で注意しよう

では、否定命令が逆効果だとしたら、どのような言葉がけをしたらいいのでしょう?
ここで、質問です。

あなたの子どもがレストランで騒いでいます。
肯定命令で注意をしてください。
どんな声かけをしますか?

セミナーでこのような質問をすると、すぐに言葉が思いつかない方がほとんどです。
否定命令の逆で、「肯定命令」での言葉がけが必要となります。
肯定命令とは、「○○しなさい」「○○してください」という表現です。
ですから、発想を大きく変える必要があります。

ポイントは、「してほしいことは何か？」と考えることです。

レストランで騒ぐ子どもたちにしてほしいことはなんでしょう？

静かにすることです。では、具体的にしてほしいことは、

「歩きなさい」

「小さな声で話しなさい」

では、同じように、リーダーであるあなたは、「ミスをしないように」と部下に言いたくなったら、何をしてほしいのかを考えます。

すると、こんな指示が考えられます。

「一度書類を仕上げたら、誤字脱字がないか、数字は合っているのかを、2度読み返してチェックしてください。間違いがないのを確認してから提出をお願いします」

できないリーダーは、否定命令で注意して、余計に傷を広げます。

できるリーダーは、やってほしいことを明確に指示して部下を育てます。

無責任なリーダーは「何かあったら声をかけてね」と言い、できるリーダーは「どうする？」と言う

「何かあったら声をかけてね」

この声かけは、一見するとオープンで親切に聞こえるかもしれません。しかし、実際にはいくつかの問題点があります。

ひとつめの問題は、「何かあったら」という言葉がとてもあいまいだからです。

非常に広範囲で具体性に欠けるため、メンバーは何を報告すべきか、どの程度の重要性があれば声をかけるべきか、とても判断に困ります。

新人であればあるほど、判断ができず、ひとりで問題を抱え込ませてしまうことになりがちです。

2つめの問題は、リーダーとして受動的すぎることです。

結局、「問題が発生するまで待つ」という受動的な姿勢を示しています。部下の問題解決や改善の機会を逃す可能性があります。

3つめの問題は、外向的な性格の人でなければ、自ら声をかけることが難しいことです。

多くの人は、自分から「何か」を報告することに躊躇してしまいます。特に新人や内向的な性格の人にとっては、自ら声かけをすることは、とてもハードルが高いものです。

できるリーダーの声かけとは？

では、どんな声かけをするのがいいのでしょうか？

先ほどの3つの問題をクリアした内容でいうと、次のようになります。

①具体的で明確であること

②能動的に関わること

③新人や内向的な人でもＯＫ

ポイントは、具体的な行動や手伝えることを提示することです。

「その資料を集めるのを手伝おうか？」

「ありがとうございます。それは大丈夫ですが、こちらの資料はどうやって集めたらいいかわからないです」

「おっ、この資料なら、集めておくよ」

このように具体的なお手伝いの提案をすると、相手はそのお手伝いは不要だけどこちらを手伝ってほしい、と言いやすくなります。

また、リーダーが能動的に関わってくれることで、心理的安全性が得られます。内向的な人でも、お願いしやすい場をつくることができます。

これらの具体的な声かけは、チームメンバーに明確な方向性を与え、行動を促します。

「なんでやったの！」より「どうしたらいい？」

質問です。あなたは、なぜ今のお仕事をしているのでしょうか？

人間の動機は、「快を手にしたい」と「不快を避けたい」の2つに分類できます。

私が営業の仕事をしていたときのことを思い起こすと、私には次のような快を手にしたいという動機がありました。

・給料を得て、生活を豊かにしたい
・営業のスキルを上げたい
・昇進して給料を上げたい

逆に、不快や痛みを避けるためにも仕事をしていました。

・仕事を辞めたら、家賃を払えなくなる
・転職して他に仕事を探すとなると、雇ってもらえるかどうかわからない
・収入が今より下がるのは嫌だ
・転職して、また下っ端扱いからスタートするのは嫌だ

心理学では、快を得たいタイプを「目的志向型」、不快を避けたいタイプを「問題回避型」と呼びます。アメリカの研究者によると、社会での割合はどちらのタイプも40%ずついて、混合型が20%なのだそうです。

ですが私の体感だと、日本では8割くらいの人が問題回避型のように感じます。メリットを手にするよりも、リスクを回避したいという欲求が強いように思います。

相手に動いてほしい場合でも、「これをしたら、こんなにいいことがある」という得やメリットを打ち出しても、動けない人が多いということです。

「これをしないとこんな痛みが起きますよ。なので、それを防ぐために行動したらどうですか？」という言い方のほうが効果的な場合が多いです。

例えば、「がんばってボーナスをたくさんもらおう！」と声をかけるよりも、「がんばらないと、ボーナスを減らされるよ」と言うほうが、行動につながる人が多いということです。

もちろん、2割の人には、得やメリットを打ち出したほうがやる気が出ます。

どちらのタイプなのかをどのように見極めるかといえば、相手の話をしっかり聞くしかありません。

①目的志向型が使う言葉

「到達する」「獲得する」「手に入る」「達成する」「メリット」「得がある」

②問題回避型が使う言葉

「必要がなくなる」「しなくて済む」「解決する」「問題を避けられる」「取り除く」「完璧でない」

このように、相手の使う言葉で判断するために、やはり聞く力はとても大事なのです。

優柔不断な人ほど使いたがるNGワード「人それぞれだからね」

20代のころ、ある営業会社に入社して間もなく、先輩に質問しました。

「セールストークのマニュアルとかありますか？」

「うーん、トークは人それぞれだからね。自分で研究するのが一番だよ」

この返答には驚きました。

その会社以前に入社した英会話教材や自己啓発教材の会社では、しっかりと台本があったからです。

商談用の台本のことをセールススクリプトといいます。それらの会社で渡されたセールススクリプトは、普通に書店で売っているようなしっかりした装丁の本でした。

しかも100ページもの大作。

その台本を渡されたときに言われたのが「これ全部、1週間以内に覚えてきて」。

「いや、どう考えても無理でしょ」と心の中で思っていたら、「あなたの先輩の○○さん、5日後には全部暗唱できていたよ」と言われたのです。

その後、別の営業会社に転職したら、まるで文化が違いました。

セールススクリプトがないだけではなく、勉強会や指導などもまったくないのです。

あれこれ教えてもらおうと思ってこちらから質問をすると、「やり方は人それぞれだからね」と言われる状態。その後、その会社の人たちと深く接していくうちに、なぜそんな言葉が出てくるのかがわかってきました。

「人それぞれだからね」に隠された意図

この言葉を使いたがるのは、次の3つの理由が考えられます。

①決断を避けたい

何かしらの判断や選択を迫られたとき、結果に対する責任を取りたくないという否定的な気持ちから、明確な意見を言うのは避けたい。

②自信がない

自分の意見に自信がないため、明確な答えを言いたくないという心理が働いている。

③理論的なことが苦手

自分のやっていることを、理論的に体系立てて説明することがもともと苦手である。

このような心理が働くと、「人それぞれだからね」というあいまいな言葉が出やすくなってしまうのです。また、こうした言葉が多用されている職場では、責任を取りたくない人が多いこともわかりました。

ですが、リーダーは決断するのも大事な仕事です。決断を避け、あいまいな返答をしていたのでは、部下から信頼されることはありません。

リーダーが優柔不断であることの弊害

リーダーにとって「人それぞれだから」という言葉は優柔不断の表明になると言っても過言ではありません。そして、リーダーが優柔不断であることは、組織にさまざまな悪影響を及ぼします。

①機会の損失

決定が遅れることで、機会損失が起こります。

例えば、ある設備を導入したいとします。費用が月額5万円。その設備を導入した場合、月15万円の節約ができます。ということは、月10万円の利益です。導入を決断するのが1か月遅れたら、10万円の損、半年遅れたら60万円の損となります。

②部下のモチベーション低下

なかなか物事を決めてくれないリーダーの下では、行動力のある人は大きなストレスを感じます。

リーダーの迷いや決断の遅れは、部下のモチベーションを低下させて、チーム全体の士気を下げることにつながります。

ダメなリーダーはなぜ優柔不断な言葉を投げてしまうのか？

「人それぞれだから」と優柔不断な言葉を投げてしまう人は、いくつかのタイプに分類できます。

①基準が不明瞭なタイプ

ひとつめは、決断する基準が不明瞭なタイプです。

誰もが失敗の確率を低くするために、あらゆる可能性を考えたいのは当然です。

ですが、熟慮に熟慮を重ねたい、という心理には
「決定する条件や基準があいまいなままだから」

という理由が大きいのです。


私は服を買うのがとても苦手です。

よくよく考えてみると、お買い得かどうかという基準になる金額もよくわからない。ど

の色でどんなデザインなら買うべきだという基準もない。パソコン関連やギター関連なら、基準が明確にあるので、購入を決めることができます。要するに、優柔不断の原因のひとつは、情報不足です。そういう場合は次の点を意識しましょう。

- 時間を決めて情報を集める
- その時点で、決断の基準を決める
- その基準に照らし合わせて決断をする

こうすることで、ずいぶんと決断が早くなります。

②自信がなく不安を抱えるタイプ

慎重で完璧主義の人は、行動することに対して自信を持てません。完璧であろうとすることを手放すのは、とても大変なことです。なぜなら、生育歴が大きな影響を与えているからです。

・心配性な親だった
・「失敗したら取り返しがつかない」と言われてきた
・「本当にそれでいいの？」と言われることがよくあった
・親が行動しない人だった
・失敗すると責められてきた
・「ああしろ」「こうしろ」と過保護にされ、自分で自由に行動してこなかった

性格の土台は幼少期に築かれます。

幼少期に失敗をきつく責められる環境だったりすると、それがトラウマとなり、決断に対しての恐怖感が強くなるのは当然です。

これらを克服するには、過去のトラウマの解消が必要となります。

また、心理療法やカウンセリングで自分を見つめていくのが最も効果的です。

ただ、いきなりカウンセリングを受けるのに抵抗がある場合は、まず、自分の性格を決めたと思われる出来事を書き出してみるのがおすすめです。

できるリーダーのクレーム対応術とは？

ビジネスでは、図らずも怒りを買ってしまうことがあります。

「先日買ったあの商品、期待はずれもいいとこです！　だまされました！　よくあんなものを自信たっぷりに売りつけましたね！」

お客さまからこのように怒りをぶつけられたら、あなたならどうしますか？

「いえ、お客さま！　あの商品は有名なタレントさんも使っていて、雑誌でも特集されたすごい商品なんですよ！」

「タレントが使っていたとは聞いたけど、効果が出ないんじゃ意味がないでしょ！」

「ですが、効果を実感できないのは、正しい使い方じゃない場合がほとんどでして」

「何？　こちらが悪いって言っているの？」

「いえ、そういうわけでは……」

このように「いえ」「でも」「ですが」「しかし」などと言い、すかさず反論してしまうのは最悪です。こういうシチュエーションでは、普通の人はまず謝ることを選択します。

「ええっ、そんな、申し訳ありません！　大変ご迷惑をおかけいたしました。弊社にはクーリングオフという制度もございます。もしどうしても、ということでしたらお手続きをさせていただきますので……」

ただ、このようにとにかく謝ってしまうのはよくないパターンです。クレーム処理の鉄則に、「何に対して謝っているのかわからない謝り方は、逆効果だ」というものがあります。誠意があるようで、実は誠意が感じられない対応です。

できるリーダーは、次のように対応します。

「そうでしたか、効果が感じられないとしたら、こちらの伝達不足でご迷惑をおかけしてしまったと思います。伝達不足だったことを申し訳なく思います」

このように、こちらの何が不手際だったのかを確認したうえで、それについてのみ謝ります。こちらの落ち度が何かもわからず、とにかく謝ればいいのとは違って、誠実さを感じさせます。

相手が怒りを全部吐き出したのを確認できたら、次の段階へ進みます。

「具体的には、どういう点が期待はずれだと感じられたのか、また、どのような対応をお望みなのかを教えていただけませんでしょうか？」

このように、具体的な不満と希望する対応を明確にして、問題解決をしていきます。できるリーダーは、じっくり話を聞いて、解決策まで提示することで、クレーム客をもファンにしていくのです。

大切なのは、不満と希望を明確に聞き出すことです。

部下へのアドバイスがうまくなる秘訣とは？

私が駆け出しの経営コンサルタントだったころのことです。

さまざまな有名人に接してきた超一流のコンサルタントにコンサルティングをしてもらったときには驚きました。

1時間、なんのアドバイスをすることもなく、話を聞いてくれたのです。

私なら、ここでアイデアや提案を言うだろうというタイミングでも、口を挟むことなく、沈黙しながらじっくりと待ってくれました。

私はもうこれ以上話すことがない。そう感じたタイミングで、ようやくいくつかの提案をしてくれました。しかも、その提案のどれもが心から納得できるものでした。

私は当時、コンサルタントとしてクライアントが知らないことを教えるのが役割だと思っていました。クライアントが知らないことをたくさん教えることが、相手のためになっていると信じていたのです。ですが、一生懸命相手のために有益なアドバイスやノウハウを大量に渡しているはずなのに、なかなかコンサルタント契約を継続してもらえませんでした。

心理セッションでも同じです。

私は経営コンサルタントと同時に、心のことで悩む人のために心理療法セッションもすることがあります。

あるクライアントが「自信が持てず、自分の控えめな性格をなんとか変えたい」ということでカウンセリングを受けに来たことがありました。その方は、私の心理療法にとても満足され、過去のトラウマが改善されたことで、前向きな性格に変わっていきました。

そして5回目のカウンセリングの終了時に、「講師として独立しているが、集客についても悩んでいる」と悩みを口にしました。そこで私は、ここぞとばかりに自分の経験も踏まえながら、集客についてのアドバイスをいろいろさせていただきました。

すると、そのクライアントから次の予約が入ることはありませんでした。結果、その方のカウンセリングはそれっきりになってしまいました。

　このとき、なぜクライアントから契約を継続してもらえなかったのか。その理由は、私が超一流のコンサルタントのコンサルティングを受けたことでわかりました。

「悩んでいる人は、大量のアドバイスがほしいわけじゃないんだ！」

「自分のアドバイスは余計なことだったのだ！」と気づいたのです。

　振り返ってみると、自分自身もさまざまなアドバイスをもらったときに「ちょっと違うな」と思うことがよくあります。こちらの話を少し聞いただけで大量のアドバイスをされても、ピントがずれたものが多くなるのも当然でしょう。


　できるリーダーは、お手軽なアドバイスをすることはありません。

　核心をつくアドバイスのみをします。

　核心をつけるのは、徹底的に相手の話を聞くからできるのです。共感しながら話を聞くだけでも、満足度は何倍も上がります。そして、聞き出した情報や、相手の感情などを十分に配慮したうえでのアドバイスをすればいいのです。

　それができる人こそが、相手の心をしっかりつかめるリーダーといえるのです。

リーダーは「運を呼ぶ言葉」で社内を変えよう

私が180万円の自己啓発教材の販売会社に入社して間もないころ、驚いたことがありました。私の配属された部署で「ツイてる」という言葉がブームになったのです。「何があっても『ツイてる!』と口にしろ」と上司が言いはじめ、50人くらいのスタッフがあちこちで「ツイてる!」を連呼するという、かなり異様な光景が繰り広げられるようになりました。


このブームがはじまる前は、上司に契約キャンセルの報告をするとこんな具合でした。

「課長、すいません、昨日いただいた180万円の契約がキャンセルになりました」

「なんだと! なんでそうなった? フォローが足りなかったんじゃないか? たるんでいるからそうなるんだ! 気を引き締めろ!」

今の時代ならパワハラと受け取られてしまいそうな会話です。こんなふうに詰められてしまうと、部下は萎縮してしまいます。当時の私も解約の報告をするのがものすごいストレスでした。

ところが、「ツイてる」ブームがはじまってから一変しました。

「課長、すいません、昨日いただいた180万円の契約がキャンセルになりました」

「そうか、残念だけれど、でもツイてるな！　お客さまがどのような理由でキャンセルされるのかというよい事例の蓄積ができたのだから。今回のことを参考に別のお客さまにアプローチしていけばいいんだよ」

と前向きな言葉が返ってくるようになったのです。確かに、人は失敗から多くのことを学ぶといわれています。契約をキャンセルされたのにはどんな理由があったのか、その要因を探ることで、次のステップへと進む際に役立つ知見を増やすことができます。

上司を筆頭に部署の全員が「ツイてる」という言葉を使うことを習慣づけていくうちに、職場の雰囲気は一変。それまで緊張で張り詰めていた空気が、とてもポジティブで軽い空気になり、前向きに業務に取り組むことができるようになりました。すると、今まで上司から言われないと動けなかったスタッフが「次はこんなふうにしたらいいのでは？」と自発的に動くようになり、結果、部署全体の生産性も上がりました。

リフレーミングを習慣づけよう

まさにこの習慣は、リフレーミングでした。

リフレーミングとは、心理学における概念のひとつで、物事や状況に対する考え方や捉え方を変えることで、その意味合いを変化させることを指します。

私たちは、物事を特定の枠組み（フレーム）で捉えがちです。しかし、そのフレームにとらわれていると、問題や課題を解決することが難しくなったり、ネガティブな感情に支配されたりすることがあります。フレームを一瞬で変えると、それまでの思考とは違った行動につなげることができます。

「ツイてる！」と口にする習慣は、一見するとスピリチュアルなことをしているようですが、脳科学的に分析すると、とても理にかなった方法です。

Step1　「ツイてる！」という言葉を発します。

Step2　不幸な理由ではなく、ツイてる理由を脳は自動的に探すようになり、リフレーミングを機械的にはじめることになります。

Step3　リフレーミングをしたことで、浮かんできた理由を口にするようになります。

Step4　一瞬でポジティブな思考に切り替わります。

強調したいのは、「ポジティブでいよう」とか、「常に前向きに考えよう」というポジティブシンキングとは違うということです。

あくまで、ただただ機械的に言葉を口にするだけです。

しかしそれをすることで、自然とポジティブな理由があとづけされます。

思考が自動的に変わるのです。

私が部署を異動するまで1年間、この習慣をし続けたおかげで、リフレーミングの達人に近づき、悩まない習慣も手に入れることにつながりました。

言葉の力で組織を変える

「ツイてる」という言葉の力は、個人の思考を変えるだけでなく、チーム全体の雰囲気を変える力も持っています。

以前の職場では、ミスや失敗が起こると、それを責める雰囲気がありました。しかし、リフレーミングが習慣になっていくと、ミスや失敗を「次につながるチャンス」と捉えることができるようになりました。

チームメンバーが失敗した場合でも、「ドンマイ！　ツイてるよ！　次はこうすれば大丈夫」と励ますことで、萎縮せずにチャレンジを続けることができるようになります。

ぜひ、あなたの組織でも前向きな言葉でポジティブな組織文化を築いてください。

おわりに

「読みやすくて、すぐに読み終わったよ」

私の本を読むと、こんなことをおっしゃってくれる方が多いです。

それもそのはず。

読みやすいようにとても工夫を凝らしています。大事なポイントは、あなたの潜在意識に刻まれるように、さまざまな心理テクニックを使って書いているので、知らない間に、自然に話し方が変わっていくと思います。

そして、部下がこれまで以上の働きをするようになったり、さまざまな変化に気づいたりするでしょう。

なぜなら、この本は個人の体験談を紹介しているわけではありません。すべて効果が立証されている心理スキルを基に構成されているからです。

この本を何度か読み込むうちに、あなたは自然にリーダーとしての話し方の技術が身についていることでしょう。

そして、読み返したときに、「あれ、昔はこの本を読んで感動したんだけど、今読むと、なんか当たり前のことしか書いていないな」。

そう思ったとしたら、あなたはこの本のすべての要素のインストールを終えた状態です。

そうなったとしたら、著者としてとても幸せです。

松橋良紀

一度身につけたスキルはあなたの人生を一生支えてくれるものになるでしょう。

そして、みなさまが喜びに満ちた未来を過ごしている姿をイメージしながら、どこかでお会いできるのを楽しみにしています。

松橋良紀（まつはし よしのり）

一般社団法人日本聴き方協会代表理事。30年以上にわたり、話し方や聴き方のスキルを研究し続けてきた心理学の専門家。
1964年生まれ青森市出身。高校卒業後にギタリストを目指して上京。26歳で企業に入社し営業職に就くが、まったく売れない日々を過ごすことに。そこで、カウンセラー養成学校に入り、NLPや催眠療法など心理学を学び、話し方や良好なコミュニケーションを築くためのスキルを習得。心理スキルの習得後、たった1か月で全国トップセールスを達成するまでに成長。この経験を基に30代から話し方、聴き方について講師として活躍し、多くのセミナーを開催。参加者から「すぐに成果が出る」と評判になる。
『話し方で「成功する人」と「失敗する人」の習慣』『あたりまえだけどなかなかできない聞き方のルール』(明日香出版社)、『話さなくても相手がどんどんしゃべりだす「聞くだけ」会話術』（ダイヤモンド社）、『「売れる営業」がやっていること「売れない営業」がやらかしていること』（大和書房）など30冊以上の著書がある。

NLP《エヌエルピー》心理学《しんりがく》に基《もと》づく 結果《けっか》を生《う》み出《だ》す
リーダーのための話《はな》し方《かた》のルール

2025年4月17日　初版発行

著者／松橋《まつはし》 良紀《よしのり》

発行者／山下 直久

発行／株式会社KADOKAWA
〒102-8177　東京都千代田区富士見2-13-3
電話 0570-002-301（ナビダイヤル）

印刷所／株式会社DNP出版プロダクツ

製本所／株式会社DNP出版プロダクツ

●お問い合わせ
https://www.kadokawa.co.jp/（「お問い合わせ」へお進みください）
※内容によっては、お答えできない場合があります。
※サポートは日本国内のみとさせていただきます。
※Japanese text only

定価はカバーに表示してあります。

ISBN 978-4-04-607432-4　C0030